CB122914

Responsabilidade Disciplinar Médica

Responsabilidade Disciplinar Médica

2022

Sandra Passinhas
Professora da Faculdade de Direito da Universidade de Coimbra

ALMEDINA

RESPONSABILIDADE DISCIPLINAR MÉDICA
AUTORA
Sandra Passinhas
EDITOR
EDIÇÕES ALMEDINA, S.A.
Rua Fernandes Tomás, nºs 76, 78 e 80
3000-167 Coimbra
Tel.: 239 851 904 · Fax: 239 851 901
www.almedina.net · editora@almedina.net
DESIGN DE CAPA
EDIÇÕES ALMEDINA S.A.
CAPA: EDIÇÕES ALMEDINA
PRÉ-IMPRESSÃO
EDIÇÕES ALMEDINA, S.A.
IMPRESSÃO E ACABAMENTO

Janeiro, 2022
DEPÓSITO LEGAL
....

Os dados e as opiniões inseridos na presente publicação são da exclusiva responsabilidade do(s) seu(s) autor(es).
Toda a reprodução desta obra, por fotocópia ou outro qualquer processo, sem prévia autorização escrita do Editor, é ilícita e passível de procedimento judicial contra o infrator.

ALMEDINA | GRUPOALMEDINA

BIBLIOTECA NACIONAL DE PORTUGAL – CATALOGAÇÃO NA PUBLICAÇÃO
PASSINHAS, Sandra
Responsabilidade disciplinar médica. – (Manuais universitários)
ISBN 978-989-40-0083-9
CDU 347

Para o Professor Guilherme de Oliveira,
que nos chamou para o estudo desta matéria,
nos acolheu no Centro de Direito Biomédico
e nos deu sempre o incentivo para continuarmos

PREFÁCIO

Responsabilidade Disciplinar Médica é uma obra que ocupa um espaço importante na literatura do Direito da Saúde em Portugal.

A Ordem dos Médicos tem a nobre e importante atribuição de, dentro dos parâmetros da Lei, estabelecer e fiscalizar a deontologia médica. A deontologia visa proteger os direitos e interesses dos doentes e dos médicos, mas também garantir o prestígio da profissão dos discípulos de Hipócrates.

Nas últimas décadas, a deontologia converteu-se numa ordem normativa "juridificada", ou seja, em que a sanção passou a ser uma dimensão relevante da sua vigência, através dos instrumentos processuais e materiais da responsabilidade disciplinar. Por isso, nos processos que correm nos órgãos próprios da Ordem dos Médicos, todos beneficiam de um rigoroso e competente acompanhamento por profissionais do Direito, *maxime* de Advogados.

A responsabilidade disciplinar convive a par com a responsabilidade civil e a responsabilidade penal. Cada um destes ramos deve saber ocupar a sua posição e articular-se de forma harmoniosa, com vista a promover um fim comum "criar confiança" (Guilherme de Oliveira) na relação médico-paciente, nas instituições de saúde e nas intervenções sanitárias, com respeito pelos direitos humanos.

Se a responsabilidade civil tem, sobretudo, uma função indemnizatória ou ressarcitória e visa, provados os pressupostos legais, oferecer uma indemnização justa ao lesado, que foi afetado por um ato ilícito e culposo causado pela atividade sanitária; se a responsabilidade penal visa a proteção dos bens jurídicos fundamentais, com vista à "reafirmação contrafática da validade da norma violada" (Figueiredo Dias e Günther Jakobs), ou seja, para que a sociedade, os cidadãos e os profissionais de saúde reafirmem a vigência dos valores da vida, da vida intrauterina, da integridade física, da liberdade, da privacidade e outros bens jurídicos intimamente relacionados com a atividade médica, já a responsabilidade disciplinar visa ocupar um espaço complexo de maior detalhe e aperfeiçoamento dos deveres e com uma dimensão corporativa e de afirmação do prestígio e dignidade da profissão médica.

Por isso, a deontologia médica, nos seus pressupostos materiais e na sua regulação processual, tem tido a marca forte da Ordem dos Médicos e oferece normas detalhadas quer da relação com os pacientes, quer entre médicos, quer com a sociedade em geral e funda-se em tipos abertos ou mesmo em conceitos indeterminados. Ora, daqui mesmo resulta a necessidade de a doutrina jurídica estudar sistematicamente a teoria e a prática da responsabilidade disciplinar, quer nos órgãos da Ordem dos Médicos, quer nas subsequentes decisões dos tribunais administrativos, para ir aprimorando os pressupostos do ilícito disciplinar.

Sandra Passinhas é a colega que, no Centro de Direito Biomédico, tem vindo há já mais de 15 anos a dedicar a sua investigação e a dar formação avançada sobre estas matérias, beneficiando do contato próximo com o Dr. Paulo Sancho, ilustre consultor jurídico da Ordem dos Médicos e Advogado, pelo que a obra que a Almedina agora disponibiliza contém o estado da arte, os fundamentos teóricos e a experiência prática atual, desta área do Direito.

Sandra Passinhas, Doutora em Direito pelo prestigiado Instituto Universitário Europeu de Florença e depois ainda Doutora em Direito Civil pela Faculdade de Direito da Universidade de Coimbra, é uma das mais prestigiadas e plurifacetadas docentes da nossa Faculdade e em muito tem contribuído para o desenvolvimento do Direito da Saúde, em especial na vertente que agora se apresenta ao público.

É, pois, para mim uma honra subscrever um Prefácio a esta obra que vem engrandecer o património doutrinal e o lastro de pensamento jurídico nascido em torno do Centro de Direito Biomédico, nascido pioneiramente em 1988, pela mão do nosso Professor, Doutor Guilherme de Oliveira.

Coimbra, 31 de dezembro de 2021

André Gonçalo Dias Pereira
Presidente da Direção do Centro de Direito Biomédico
Professor da Faculdade de Direito da Universidade de Coimbra
Vice-Presidente do Conselho Nacional de Ética para as Ciências da Vida

I. Deontologia Profissional: noções introdutórias

1. Deontologia profissional

Segundo o artigo 1º do Código Deontológico, a deontologia médica é o conjunto de regras de natureza ética que, com caráter de permanência e a necessária adequação histórica, o médico deve observar no exercício da sua atividade profissional.

As regras deontológicas não são imutáveis, mas antes plasmam os valores da ética médica em cada momento histórico. Em grande medida, elas dependem dos conhecimentos da ciência médica num determinado período temporal, assim como das opções fundamentais de uma dada sociedade. O Código Deontológico dos médicos parte da legislação em vigor, das normas aprovadas de acordo com as regras da legitimidade democrática, mas acrescenta-lhe uma dimensão ética, que deve permear o desenvolvimento de toda a sua atividade. A título de exemplo, veja-se o Título II, do Código Deontológico, dedicado à vida, onde são tratados temas que tocam na concatenação do respeito pela dignidade humana e da intervenção da ciência. O capítulo I é dedicado ao início da vida. Determina-se aí o dever de o médico *"guardar respeito pela vida humana desde o início"*, no artigo 63º. Este dever não impede a adoção de terapêutica que ponha em perigo ou anule a vida do feto mas que constitua o único meio capaz de preservar a vida da grávida, e também não impede que o médico proponha, segundo a sua consciência e de acordo com os seus valores profissionais, a interrupção da gravidez nos termos da lei (em especial, o artigo 142º do Código Penal).

O capítulo II, por sua vez, é dedicado ao *fim da vida,* e estabelece desde logo o dever de respeito pela dignidade do doente no momento do fim de vida. Reitera-se que ao médico está vedada a ajuda ao suicídio, a eutanásia e a distanásia (vide artigos 134º e 135º do Código Penal). O artigo 64º do Código Deontológico determina que nas situações de doenças avançadas e progressivas cujos tratamentos não permitam reverter a sua evolução natural, o médico deve dirigir a sua ação para o bem-estar dos doentes, evitando a futilidade terapêutica, designadamente a utilização de meios de diagnóstico e terapêutica que podem, por si próprios, induzir mais sofrimento, sem que daí advenha qualquer benefício. O padrão de tratamento será o dos cuidados paliativos, com o objetivo de minimizar o sofrimento e melhorar, tanto quanto possível, a qualidade de vida dos doentes. Já o artigo 65º fornece indicações ao médico relativamente à morte. O uso de meios de suporte artificial de funções vitais deve ser interrompido após o diagnóstico de morte do tronco cerebral (relembre-se que nos termos do artigo 2º da Lei 141/99, de 28 de agosto, a morte corresponde à cessação irreversível das funções do tronco cerebral), com exceção das situações em que se proceda à colheita de órgãos para transplante. Este diagnóstico e correspondente declaração devem ser verificados, processados e assumidos de acordo com os critérios e as regras de semiologia definidos pela Ordem dos Médicos na Declaração de 11 de outubro de 1994 (publicada na Série I-B do Diário da República). O uso de meios extraordinários de manutenção da vida (dos quais se exclui a hidratação e a alimentação ou a administração por meios simples de pequenos débitos de oxigénio suplementar) não deve ser iniciado ou continuado contra a vontade do doente e deve ser interrompido nos casos irrecuperáveis de prognóstico seguramente fatal e próximo, quando da continuação de tais terapêuticas não resulte benefício para o doente.

Prosseguindo a análise do Título II, refira-se que o Capítulo III se dedica *ao transplante de órgãos e tecidos humanos*. É a Lei 12/93, de 22 de abril, que regula a colheita e transplante de órgãos e tecidos de origem humana, os actos que tenham por objecto a dádiva ou colheita de órgãos, tecidos e células de origem humana, para fins terapêuticos ou de transplante, bem como as próprias intervenções de transplante. Em especial, regula esta questão o Capítulo II do diploma, com preceitos dedicados à admissibilidade (incluindo a Entidade de Verificação da Admissibilidade da Colheita para Transplante), informação, consentimento e o direito a assistência e indemnização. O artigo 68º, sobre colheita de órgãos ou tecidos humanos em pessoa viva, estabelece que a remoção de órgão ou tecidos a transplantar colhidos do corpo de pessoa viva não é admitida quando, com elevado grau de probabilidade, envolva a diminuição grave e permanente da integridade física ou da saúde do dador. Já a remoção de órgãos ou tecidos insubstituíveis e importantes na economia do organismo, mas não indispensáveis à sua sobrevivência, apenas será permitida após esclarecimentos detalhados ao dador e ao recetor dos riscos envolvidos e consequências a curto, médio e longo prazo. Salvo em situação de urgência, o esclarecimento ao dador e ao recetor, desde que sejam cognitivamente competentes e juridicamente capazes, deve ser facultado ao longo de todo o período das diversas consultas preparatórias, valorizando o risco do procedimento e as suas consequências imediatas e futuras; o Código considera ainda aconselhável que o dador seja também esclarecido por médicos que não intervenham no tratamento do recetor. Não é surpreendente a interdição ao médico de participar na colheita ou transplantação de órgãos ou tecidos humanos objeto de comercialização, de acordo aliás com a proibição de comercialização estabelecida no artigo 5º da Lei nº 12/93. Tal não prejudica o direito a uma remuneração pelo serviço prestado, não podendo o cálculo desta remuneração atribuir qualquer valor aos órgãos, tecidos ou células colhidos ou transplantados.

Em especial, relativamente à colheita de órgãos ou tecidos em cadáveres humanos, esta encontra-se especialmente regulada nos artigos 10º e ss da Lei nº 12/93 e só deve verificar-se após o preenchimento de todas as regras científicas e normas legais estabelecidas (à já referida Declaração da OM de 11 de outubro de 1994, acrescente-se o Despacho nº 14341/2013, de 6 de novembro, do Secretário de Estado Adjunto do Ministro da Saúde, sobre os requisitos necessários para a colheita de órgãos em dadores falecidos em paragem cardiocirculatória). Todavia, o Código considera que a verificação da morte não deve ser feita por médicos que integrem a equipa de transplante. Relembre-se que, em exceção ao artigo 67º, nº 1, nos casos em que se preveja a colheita de órgãos para transplante é permitida a manutenção de meios artificiais de suporte de vida mesmo após o diagnóstico de morte do tronco cerebral.

Ainda no Título II, cabe o tratamento das técnicas de procriação medicamente assistida, no capítulo IV. É sabido que a sua admissibilidade é regulada pela Lei nº 32/2006, de 26 de julho. Em termos éticos, o artigo 71º determina que a execução das técnicas de procriação medicamente assistida deve ter sempre como referência ética que a fecundação de ovócitos não deve conduzir sistematicamente à ocorrência de embriões supranumerários, caso em que deve estar disponível a possibilidade de criopreservação para ulterior transferência. A execução de técnicas de procriação medicamente assistida deve, ainda, procurar reduzir a incidência de gravidez múltipla.

O código deontológico dedica o capítulo V do livro II *à esterilização*. Nos termos do artigo 74º, os métodos de esterilização irreversível, laqueação tubária e vasectomia só podem ser realizados a pedido do próprio e com o seu expresso e explícito consentimento pleno, após esclarecimentos sobre os riscos e sobre a irreversibilidade destes métodos. Exceto em situações urgentes com risco de vida, o Código considera desejável a existência de um período de reflexão entre a prestação de esclarecimentos e a tomada final da decisão. É expressamente vedada aos médicos a prática de métodos de esterilização irreversíveis por solicitação de terceiros sem consentimento plenamente livre e informado do doente. Os métodos de esterilização irreversíveis só devem ser executados em menores ou incapazes após pedido devidamente fundamentado no sentido de evitar graves riscos para a sua vida ou saúde dos seus filhos hipotéticos e, sempre, mediante prévio parecer do Conselho Nacional de Ética e Deontologia da Ordem dos Médicos.

O capítulo VI do Título II incinde sobre as intervenções no *genoma humano*. É a Lei nº 12/2005, de 26 de janeiro, regulamentada pelo DL nº 131/2014, de 29 de agosto, que define o conceito de informação de saúde e de informação genética, a circulação de informação e a intervenção sobre o genoma humano no sistema de saúde, bem como as regras para a colheita e conservação de produtos biológicos para efeitos de testes genéticos ou de investigação. No quadro da regulamentação exaustiva destes diplomas, cabe realçar que o artigo 75º do Código Deontológico determina que a realização de testes genotípicos de diagnóstico pré-sintomático de doenças genéticas e de testes de suscetibilidade deve apenas ter lugar para fins médicos ou de investigação médica, visando o bem do indivíduo em que forem realizados, e o artigo 76º estabelece que qualquer intervenção sobre o genoma humano visando a sua modificação apenas pode ter lugar para fins médicos e, designadamente, terapêutica génica, estando excluída qualquer alteração em células germinais de que resulte modificação genética da descendência.

O Título II trata da disforia de género no capítulo VII. A Lei nº 38//2018, de 7 de agosto, regula o direito à autodeterminação da identidade de género e expressão de género e à proteção das características sexuais de cada pessoa, que não requer a cirurgia genital. Nenhuma pessoa pode ser obrigada a fazer prova de que foi submetida a procedimentos médicos, incluindo cirurgia de reatribuição do sexo, esterilização ou terapia hormonal, assim como a tratamentos psicológicos e ou psiquiátricos, como requisito que sirva de base à decisão da mudança da menção do sexo no registo civil. O Código salvaguarda, no artigo 77º, que é proibida a cirurgia para transição de género em pessoas morfologicamente normais, salvo nos casos clínicos adequadamente diagnosticados como disforia do género. Estabelece ainda no artigo 79º que o diagnóstico de disforia de género e seu acompanhamento devem seguir as *leges artis* e ter caráter multidisciplinar, sendo realizados por um médico com a competência em Sexologia Clínica, um especialista em Psiquiatra e um especialista em Endocrinologia, com reconhecida experiência na matéria. Devem ser obtidos dois diagnósticos de disforia de género elaborados por equipas distintas, de modo a obter-se uma avaliação independente. O médico deve: a) acompanhar o doente em todas as fases do processo de reatribuição sexual, desde o estabelecimento do diagnóstico à fase pós-cirúrgica (com a indicação de que período antes da intervenção cirúrgica não deve ser inferior a dois anos); b) assegurar que o doente tem apoio psicológico/psicoterapêutico ao longo de todo o processo de reatribuição sexual; e c) assegurar que o doente está isento de distúrbio mental permanente.

O Código Deontológico reforça ainda que o esclarecimento médico deve especificar que a cirurgia não garante a satisfação sexual, antes visa contribuir para o equilíbrio psicológico do doente, e o consentimento deste deve ser prestado por escrito, na presença de pelo menos uma testemunha.

O artigo 78º, que determina que o doente sujeito a terapêutica cirúrgica deve ser maior de idade, deve considerar-se revogado pela Lei nº 38/2008. A única restrição apontada por este diploma é a do artigo 5º: *"Salvo em situações de comprovado risco para a sua saúde, os tratamentos e as intervenções cirúrgicas, farmacológicas ou de outra natureza que impliquem modificações ao nível do corpo e das características sexuais da pessoa menor intersexo não devem ser realizados até ao momento em que se manifeste a sua identidade de género"*.

O capítulo VIII estabelece uma série de deveres positivos nas relações entre o médico e o indivíduo privado de liberdade. Assim, nos termos do artigo 81º, o médico que preste, ainda que ocasionalmente, cuidados clínicos em instituições em que o doente esteja, por força da lei, privado da sua liberdade, tem o dever de respeitar sempre o interesse do doente e a integridade da sua pessoa. Mas cabe-lhe ainda o dever deontológico de impedir e denunciar à Ordem qualquer ato lesivo da saúde física ou psíquica dos presos ou detidos, nomeadamente daqueles por cuja saúde é responsável. Já segundo o artigo 82º, o médico não deve em circunstância alguma praticar, colaborar, consentir ou estar presente em atos de violência, tortura, ou quaisquer outras atuações cruéis, desumanas ou degradantes, seja qual for o crime cometido ou imputado ao preso ou detido e nomeadamente em estado de sítio, de guerra ou de conflito civil, assim como deve recusar ceder instalações, instrumentos ou fármacos, bem como recusar fornecer os seus conhecimentos científicos para permitir a prática da tortura. Em termos positivos, o médico deve denunciar junto da Ordem aqueles atos. Por último, o artigo 83º proíbe ao médico impor coercivamente aos presos ou detidos, capazes de exercer a sua autonomia, exames médicos, tratamentos ou alimentação. Em caso de perigo para a vida ou grave perigo para a saúde de presos ou detidos, a recusa pelo doente deve ser confirmada por médico estranho à instituição.

O último capítulo do Título II trata da *experimentação humana*. A Lei 21/2014, de 16 de abril, regula a investigação clínica, considerada como todo o estudo sistemático destinado a descobrir ou a verificar a distribuição ou o efeito de fatores de saúde, de estados ou resultados em saúde, de processos de saúde ou de doença, do desempenho e, ou, segurança de intervenções ou da prestação de cuidados de saúde. Os estudos clínicos são realizados no estrito respeito pelo princípio da dignidade da pessoa humana e dos seus direitos fundamentais; os direitos dos participantes nos estudos clínicos prevalecem sempre sobre os interesses da ciência e da sociedade. Na realização dos estudos clínicos, devem ser tomadas todas as precauções no sentido do respeito da privacidade do indivíduo e da minimização de eventuais danos para os seus direitos de personalidade e para a sua integridade física e mental. Nos termos do artigo 4º deste diploma, todos os estudos clínicos devem ser concebidos, realizados, registados e notificados e os seus resultados revistos e divulgados de acordo com os princípios das boas práticas clínicas, aplicáveis à investigação em seres humanos. Acresce que o artigo 84º, alínea e), do Código Deontológico determina *que "O médico que participe em qualquer experi-*

mentação tem o dever de comunicar, nos termos da lei, todos os conflitos de interesse que possam ser invocados, nomeadamente relacionamento atual ou passado com empresas produtoras de produtos farmacêuticos ou dispositivos médicos". Já o artigo 91º estabelece que o médico responsável pela experimentação ou ensaio deve ter total independência relativamente a qualquer entidade com interesse comercial na promoção de tratamentos ou técnicas, deve assegurar-se do rigor científico do ensaio e obter a garantia da publicação do universo dos resultados. No que diz respeito ao consentimento livre e esclarecido na experimentação humana, o artigo 89º, nº 3, determina que o consentimento deve ser prestado nos termos gerais, observando-se especificamente o seguinte: a) deve ser feito por escrito, datado e assinado, ficando o doente com uma cópia do consentimento dado; b) excecionalmente, se o declarante não estiver em condições de dar o seu consentimento por escrito, pode ser dado oralmente, na presença de duas testemunhas da sua confiança e não relacionadas com a investigação, ficando o ato de autorização devidamente documentado com a identificação das testemunhas. O consentimento deve, ainda, salvaguardar a interrupção da experimentação a qualquer momento, sem qualquer contrapartida por parte do sujeito daquela e sem perda do direito do doente a ser tratado da melhor forma.

A análise que fizemos do Título II permite-nos compreender o diálogo do Código Deontológico com outras normas no ordenamento jurídico português, salientando, desse modo, aquelas que são as suas caraterísticas gerais: a sua diversidade fundamentante e a sua especificidade valorativa.

2. Deveres deontológicos vs. outros deveres profissionais

Os deveres deontológicos são deveres dos médicos no exercício da sua profissão, mas não se confundem com os deveres funcionais decorrentes da relação laboral que funda esse exercício. Se o médico tem uma relação laboral jurídico-privada, está sujeito aos deveres decorrentes do Código do Trabalho (aprovado pela Lei nº 7/2009, de 12 de fevereiro, com atualizações posteriores) ou estipulados no contrato de prestação de serviços; se estiver numa instituição pública, os deveres constam da Lei Geral do Trabalho em Funções Públicas (Lei nº 35/2014, de 20 de junho, com atualizações posteriores).

Embora possa haver um núcleo de coincidência entre os deveres decorrentes de ambas as fontes, a coincidência não é absoluta. Por exemplo, a violação pelo médico do dever profissional de pontualidade ou de assiduidade pode não ter qualquer ressonância deontológica. Mas a violação do dever funcional de zelo pode consubstanciar, igualmente, uma violação dos deveres deontológicos do médico. Em contrapartida, se o médico não comunicar à Ordem atitudes de incompetência no exercício da medicina, de que tenha conhecimento, estamos perante uma violação deontológica (por desrespeito ao artigo 116º do Código Deontológico) que não constituirá, à partida, qualquer violação dos seus deveres laborais.

3. Entidades competentes

A Ordem dos Médicos tem competência regulamentar, cabendo-lhe nos termos do artigo 144º do seu Estatuto (aprovado pelo Decreto-Lei nº 282/77, de 5 de julho, com as alterações introduzidas pela Lei nº 177/2015, de 31 de agosto) a elaboração de um Código Deontológico, a aprovar pela assembleia de representantes, de acordo com o artigo 49º, alínea b), também do Estatuto da Ordem dos Médicos (EOM). Esta competência tem de ser compreendida no quadro global das funções da Ordem dos Médicos, em particular, a sua atribuição de contribuir para a defesa da saúde dos cidadãos e dos direitos dos doentes (alínea b) e de representar e defender os interesses gerais da profissão (alínea c).

Nos termos do artigo 3º do Código Deontológico, a Ordem dos Médicos é a única entidade com competência para apreciar o cumprimento das regras deontológicas. Consequentemente, quando as violações à Deontologia Médica se verifiquem em relação a médicos que exerçam a sua profissão vinculados a entidades públicas, cooperativas, sociais ou privadas, devem estas entidades limitar-se a comunicar à Ordem as presumíveis infrações.

São órgãos com competência disciplinar os conselhos disciplinares regionais e o conselho superior. O *conselho disciplinar regional* é eleito pela respetiva assembleia eleitoral regional e é constituído por um membro por cada 1.500 médicos inscritos na respetiva região, sendo que, no caso de o número de membros ser par, é eleito mais um membro, num número mínimo de sete membros. No início de cada mandato, o conselho disciplinar regional nomeia o presidente e um vice-presidente, para substituir o primeiro no caso de ausência ou impedimento. O conselho disciplinar regional pode recorrer a serviços de assessoria jurídica próprios. Determina o artigo 38º do Regulamento disciplinar que os conselhos disciplinares são assistidos nas suas funções por um ou mais assessores jurídicos, a quem cabe prestar todo o apoio necessário ao presidente e aos relatores, quer no que respeita à análise e instrução dos processos, quer no tocante à redação dos despachos, pareceres e decisões finais. Nos termos do artigo 67º do EOM, são atribuições do conselho disciplinar regional julgar as infrações à deontologia e ao exercício da profissão médica. Compete-lhes exercer a competência disciplinar relativamente a todos aqueles que exerçam legalmente medicina e que tenham praticado factos que constituam infrações deontológicas na área da respetiva região. As infrações cometidas por qualquer membro de um dos conselhos disciplinares regionais são instruídas e julgadas por um dos outros conselhos disciplinares regionais, mediante sorteio.

O *conselho superior* é o órgão jurisdicional da Ordem, com funções de supervisão e disciplina. O conselho superior, eleito por listas em círculos eleitorais regionais, é composto por 15 membros, aos quais cabe designar o presidente, o vice-presidente e o secretário, e deve possuir uma assessoria jurídica independente dos demais órgãos. Compete ao conselho superior, em matéria disciplinar, decidir os recursos interpostos das decisões proferidas pelos conselhos disciplinares regionais; decidir os processos disciplinares em que sejam arguidos o bastonário e os membros do conselho superior ou do conselho nacional; uniformizar a atuação dos conselhos disciplinares regionais. Os recursos a interpor para o conselho superior são restritos às questões de legalidade das decisões recorridas, são obrigatórios e têm efeito suspensivo, devendo ser decididos no prazo de 45 dias, sob pena de se considerarem indeferidos.

Desde a reforma de 2015, e nos termos do artigo 17º, o exercício das funções executivas, disciplinares e de fiscalização em órgãos da Ordem é incompatível entre si.

Em matéria disciplinar, cabe ainda referir os *órgãos consultivos*, distinguindo os colégios da especialidade, e o conselho nacional de ética e deontologia médica, de competência específica.

Os *colégios da especialidade e de competência* são órgãos técnicos e consultivos da Ordem e integram os médicos qualificados nas diferentes especialidades. Através dos colégios, a Ordem participa na atividade científico-profissional das sociedades médicas portuguesas existentes ou que venham a criar-se e formula normas técnicas, de orientação clínica e outras relativas ao exercício profissional. Existem tantos colégios, quantas as especialidades e competências, e cada colégio é dirigido por um mínimo de três e um máximo de 15 membros que, de entre si, escolhem o presidente. Compete às direções dos colégios de especialidades (alínea f)) emitir pareceres em questões apresentadas pelos conselhos disciplinares regionais e pelo conselho superior, emitir pareceres técnicos em questões apresentadas pelos médicos ao conselho nacional e aos conselhos regionais, bem como pelas instâncias judiciais ou administrativas (alínea g)).

Já ao *conselho nacional de ética e deontologia médica* compete zelar pela observância das normas deontológicas, no que se refere aos deveres para com os doentes, a comunidade e os médicos entre si, emitindo parecer sempre que lhe for solicitado.

II. Deveres deontológicos

1. Positivação

O Estatuto da Ordem dos Médicos incorpora, ele próprio, uma série de normas de conteúdo deontológico. O artigo 135º estabelece vários princípios gerais de conduta, que cabe enunciar:

1 – O médico deve exercer a sua profissão de acordo com a leges artis com o maior respeito pelo direito à saúde das pessoas e da comunidade;

2 – O médico, no exercício da sua profissão, tem direito a uma justa remuneração;

3 – O médico deve abster-se de práticas não justificadas pelo interesse do doente ou que pressuponham ou criem falsas necessidades de consumo;

4 – O médico, no exercício da sua profissão, deve e na medida em que tal não conflitue com o interesse do seu doente, proteger a sociedade, garantindo um exercício consciente, procurando a maior eficácia e eficiência na gestão rigorosa dos recursos existentes;

5 – O médico deve prestar a sua atividade profissional sem qualquer forma de discriminação;

6 – O médico, na medida das suas possibilidades, conhecimentos e experiência, deve, em qualquer lugar ou circunstância, prestar tratamento de urgência a pessoas que se encontrem em perigo imediato, independentemente da sua função específica ou da sua formação especializada;

7 – O exercício do direito à greve não pode violar os princípios da deontologia médica, devendo os médicos assegurar os cuidados inadiáveis aos doentes;

8 – O médico deve cuidar da permanente atualização da sua cultura científica e da sua preparação técnica, sendo dever ético fundamental o exercício profissional diligente e tecnicamente adequado às regras da arte médica;

9 – O médico deve ter comportamento público e profissional adequado à dignidade da sua profissão, sem prejuízo dos seus direitos de cidadania e liberdade individual;

10 – O médico deve prestar os melhores cuidados ao seu alcance, com independência técnica e deontológica;

11 – O médico deve fornecer a informação adequada ao doente e dele obter o seu consentimento livre e esclarecido.

O artigo 136º do EOM debruça-se especificamente sobre a divulgação da atividade médica, estabelecendo que, na divulgação da sua atividade profissional, o médico deve nortear-se pelo interesse do doente em abster-se de práticas que pressuponham ou criem falsas necessidades de consumo e que a publicidade da atividade médica deve ser meramente informativa das condições de atendimento ao público e da qualificação profissional do médico cujo título esteja reconhecido pela Ordem.

No artigo 137º encontramos um princípio geral de colaboração: seja qual for o seu estatuto profissional, o médico deve, com pleno respeito pelos preceitos deontológicos, apoiar e colaborar com as entidades prestadoras de cuidados de saúde. O médico pode, contudo, cessar a sua colaboração, em caso de grave violação dos direitos, liberdades e garantias individuais das pessoas que lhe estão confiadas, ou de grave violação da dignidade, liberdade e independência da sua ação profissional, e médico pode, sempre, recusar a sua colaboração em situações concretas relativamente às quais invoque o direito à objeção de consciência. Como determina o artigo 138º: "1 – O médico tem o direito de recusar a prática de ato da sua profissão quando tal prática entre em conflito com a sua consciência e ofenda os seus princípios éticos, morais, religiosos, filosóficos, ideológicos ou humanitários; 2 – A objeção de consciência é manifestada perante situações concretas, em documento que pode ser registado na Ordem, assinado pelo médico objetor e comunicado ao diretor clínico do estabelecimento de saúde, devendo a sua decisão ser comunicada ao doente, ou a quem no seu lugar prestar o consentimento, em tempo útil; 3 – A objeção de consciência não pode ser invocada em situação urgente e que implique perigo de vida ou grave dano para a saúde, se não houver outro médico disponível a quem o doente possa recorrer; 4 – O médico objetor não pode sofrer qualquer prejuízo pessoal ou profissional pelo exercício do seu direito à objeção de consciência.

O artigo 139º trata de uma matéria fundamental, o segredo profissional, pelo que transcreveremos o preceito:

> 1 – O segredo médico profissional pressupõe e permite uma base de verdade e de mútua confiança e é condição essencial ao relacionamento médico-doente, assentando no interesse moral, social, profissional e ético, tendo em vista a reserva da intimidade da vida privada.
>
> 2 – O segredo médico profissional abrange todos os factos que tenham chegado ao conhecimento do médico no exercício da sua profissão ou por causa dela e compreende especialmente: a) Os factos revelados diretamente pela pessoa, por outrem a seu pedido ou por terceiro com quem tenha contactado durante a prestação de cuidados ou por causa dela; b) Os factos apercebidos pelo médico, provenientes ou não da observação clínica do doente ou de terceiros; c) Os factos resultantes do conhecimento dos meios complementares de diagnóstico e terapêutica referentes ao doente; d) Os factos comunicados por outro médico ou profissional de saúde, obrigado, quanto aos mesmos, a segredo.
>
> 3 – A obrigação de segredo profissional existe quer o serviço solicitado tenha ou não sido prestado e seja ou não remunerado.
>
> 4 – O segredo profissional mantém-se após a morte do doente.
>
> 5 – É expressamente proibido ao médico enviar doentes para fins de diagnóstico ou terapêutica a qualquer entidade não vinculada ao segredo profissional.
>
> 6 – Exclui-se do dever de segredo profissional: a) O consentimento do doente ou, em caso de impedimento, do seu representante legal, quando a revelação não prejudique terceiras pessoas com interesse na manutenção do segredo profissional; b) O que for absolutamente necessário à defesa da dignidade, da honra e dos legítimos interesses do médico, do doente ou de terceiros, não podendo em qualquer destes casos o médico revelar mais do que o necessário, nem o podendo fazer sem prévia autorização do bastonário; c) O que revele um nascimento ou um óbito; d) As doenças de declaração obrigatória.

Os artigos 142º e 143º tratam das relações com outros profissionais de saúde e de um dever geral de cooperação, respetivamente. O médico, nas suas relações com os outros profissionais de saúde, deve respeitar a sua independência e dignidade, e nas relações com os seus colaboradores não médicos, deve observar uma conduta de cooperação, mútuo respeito e confiança.

Como vimos acima, o artigo 144º do EOM determina que estas regras deontológicas seriam objeto de desenvolvimento num código deontológico, a aprovar pela assembleia de representantes. Atualmente está em vigor o Código Deontológico da Ordem dos Médicos disposto no Regulamento nº 707/2016, de 21 de julho (publicado na 2ª série do Diário da República nº 139), depois de ter sido previamente aprovado em Assembleia de Representantes, que foi recentemente alterado pelo Regulamento nº 498/2020, de 26 de maio de 2020, aprovado em Assembleia de Representantes de 10 de março de 2020 (publicado na 2ª série do Diário da República nº 102).

2. Princípios gerais

O capítulo 4º do Código Deontológico estabelece os princípios gerais de conduta do médico, cobrindo vários aspetos dessa mesma relação. O primeiro princípio e aquele que assume um carácter de fundamentalidade encontra-se no nº 1: *"o médico deve exercer a sua profissão de acordo com as* leges artis *com o maior respeito pelo direito à saúde das pessoas e da comunidade"*. Reforça-se neste preceito o lugar central do doente e da sua saúde no exercício da profissão, e o carácter subalterno da compensação patrimonial. Assim, estabelece-se que o médico no exercício da sua profissão tem direito a uma justa remuneração e que se deve abster de práticas não justificadas pelo interesse do doente ou que pressuponham ou criem falsas necessidades de consumo. A responsabilidade perante a comunidade impõe ao médico que, no exercício da sua profissão, e na medida que tal não conflitue com o interesse do seu doente, proteja a sociedade, garantindo um exercício consciente, procurando a maior eficácia e eficiência na gestão rigorosa dos recursos existentes. Como se reforça no artigo 7º, o médico só deve tomar decisões ditadas pela ciência e pela sua consciência e tem liberdade de escolha de meios de diagnóstico e terapêutica, devendo, porém, abster-se de prescrever desnecessariamente exames ou tratamentos onerosos ou de realizar atos médicos supérfluos. O artigo 18º, que trata da referenciação, estabelece que o médico, ao referenciar o doente ou ao ajudá-lo na escolha de outro médico, deve exclusivamente considerar o seu conhecimento profissional e o interesse daquele. O médico pode recomendar ao doente quaisquer estabelecimentos ou entidades prestadoras de cuidados de saúde, seja qual for a sua natureza e independentemente do setor ou organização em que funcionalmente aqueles se integrem. É considerada violação deontológica grave a partilha de honorários, traduzida na perceção de vantagens financeiras, patrimoniais ou outras, pela referenciação do doente.

O médico deve cuidar da permanente atualização da sua cultura científica e da sua preparação técnica, sendo dever ético fundamental o exercício profissional diligente e tecnicamente adequado às regras da arte médica. Por último, o médico, na medida das suas possibilidades, conhecimentos e experiência, deve, em qualquer lugar ou circunstância, prestar tratamento de urgência a pessoas que se encontrem em perigo imediato, independentemente da sua função específica ou da sua formação especializada.

3. Código Deontológico – O médico ao serviço do doente

Propomo-nos, neste ponto, a seguir a estrutura do Código Deontológico da Ordem dos Médicos, nomeadamente destacando alguns dos deveres aí consagrados.

a) O médico ao serviço do doente

O médico que aceite o encargo ou tenha o dever de atender um doente obriga-se à prestação dos melhores cuidados ao seu alcance, agindo sempre com correção e delicadeza, no intuito de promover ou restituir a saúde, conservar a vida e a sua qualidade, suavizar os sofrimentos, nomeadamente nos doentes sem esperança de cura ou em fase terminal, no pleno respeito pela dignidade do ser humano. A este propósito, o artigo 10º estabelece que o médico deve abster-se de praticar atos que não estejam de acordo com as *leges artis*, com excepção daqueles que, não sendo reconhecidos pelas *leges artis*, mas sobre os quais se disponha de dados promissores, em situações em que não haja alternativa, desde que com consentimento do doente ou do seu representante legal, no caso daquele o não poder fazer, e ainda os atos que se integram em protocolos de investigação ou ensaios clínicos, cumpridas as regras que condicionam a experimentação em e com pessoas humanas. Muito recentemente o Regulamento 724/2019, publicado na 2ª série do Diário da República, veio estabelecer os tempos padrão das consultas médicas. Naturalmente, os tempos apontados não são mais do que critérios orientadores e concretizadores do dever de prestação do melhor serviço ao doente, que carecem de confirmação em cada caso concreto.

A prestação dos melhores cuidados pelo médico não prescinde do dever de respeitar a pessoa do doente, consagrado no artigo 14º. A idade, o sexo, as convicções do doente, bem como a natureza da doença devem ser tidos em consideração no exame clínico e tratamento do doente. A propósito da vulnerabilidade do doente, o artigo 14º, nº 3, determina que aquela situação bem, como a dependência física e emocional que se pode estabelecer entre esta e o seu médico, torna o assédio sexual uma infração muito grave quando praticada pelo médico. O artigo 26º impõe o respeito pelas opções religiosas, filosóficas ou ideológicas e os interesses legítimos do doente, que tem direito a receber ou a recusar conforto moral e espiritual, nomeadamente o auxílio de um membro qualificado da sua própria religião. Se o doente ou, na incapacidade deste, os seus familiares ou representantes legais quiserem chamar um ministro ou outro membro de qualquer culto, um notário ou outra entidade legalmente competente, o médico tem o dever de o possibilitar no momento que considere mais oportuno. Este artigo permite ainda ao doente chamar um notário ou outra entidade legalmente competente, por exemplo, para o doente poder fazer testamento. O Decreto-Lei nº 253/2009, de 23 de setembro, regula a assistência espiritual e religiosa no SNS.

No que diz respeito aos doentes vulneráveis, o artigo 27º impõe ao médico o dever de usar de especial solicitude e cuidado para com o menor, o idoso, o deficiente ou pessoa particularmente indefesa quando verificar que os seus familiares ou outros responsáveis não são capazes ou cuidadosos para tratar da sua saúde ou assegurar o seu bem-estar. Sempre que o médico, chamado a tratar um menor, um idoso, um deficiente, um incapaz ou pessoa particularmente indefesa, verifique que estes são vítimas de sevícias, maus-tratos ou assédio, deve tomar as providências adequadas para os proteger, nomeadamente alertar as autoridades competentes.

A comunicação da doença ao doente será sempre um momento crucial, que merecerá a melhor atenção por parte do médico. Nos termos do artigo 25º, o diagnóstico e o prognóstico devem, por regra, ser comunicados ao doente, em respeito pela sua dignidade e autonomia. A informação exige prudência e delicadeza, devendo ser efetuada em toda a extensão e no tempo requerido pelo doente, ponderados os eventuais danos que esta lhe possa causar. A informação não pode ser imposta ao doente, pelo que não deve ser prestada se este não a desejar. O diagnóstico e prognóstico só podem ser dados a conhecer a terceiros, nomeadamente familiares, com o consentimento do doente, a menos que este seja menor ou cognitivamente incompetente, sem prejuízo do disposto no artigo 33º.

O doente não tem de percorrer sozinho o caminho da doença. Por isso, determina o artigo 28º que o médico respeitará a vontade do doente em ser acompanhado por alguém da sua confiança, exceto quando tal possa interferir com a prestação de cuidados médicos. O médico pode limitar o horário e a duração das visitas de terceiros aos doentes sob sua responsabilidade, se entender necessário à saúde do doente ou à defesa dos direitos de terceiros, tendo em vista o normal funcionamento dos serviços (cide, a propósito, os artigos 12º a 15º da Lei 15/2014, de 21 de março).

O artigo 19º trata do esclarecimento do médico ao doente. Dispõe este preceito que o doente tem direito a receber e o médico o dever de prestar esclarecimento sobre o diagnóstico, a terapêutica e o prognóstico da sua doença. O esclarecimento deve ser prestado previamente e incidir sobre os aspetos relevantes de atos e práticas, dos seus objetivos e consequências funcionais, permitindo que o doente possa consentir em consciência. O esclarecimento deve ser prestado pelo médico com palavras adequadas, em termos compreensíveis, adaptados a cada doente, realçando o que tem importância ou o que, sendo menos importante, preocupa o doente. O esclarecimento deve ter em conta o estado emocional do doente, a sua capacidade de compreensão e o seu nível cultural. O esclarecimento deve ser feito, sempre que possível, em função dos dados probabilísticos e facultando ao doente as informações necessárias para que possa ter uma visão clara da situação clínica e tomar uma decisão consciente. Entre o esclarecimento e o consentimento deverá existir, sempre que possível, um intervalo de tempo que permita ao doente refletir e aconselhar-se. O médico deve aceitar e pode sugerir que o doente procure outra opinião médica, particularmente se a decisão envolver riscos significativos ou graves consequências para a sua saúde e vida.

A responsabilidade implica liberdade. Nos termos do artigo 6º, o médico, no exercício da sua profissão, é técnica e deontologicamente independente e responsável pelos seus atos. Em caso algum o médico pode ser subordinado à orientação técnica e deontológica de estranhos à profissão médica no exercício das funções clínicas (o que não invalida a existência de hierarquias técnicas institucionais, legal ou contratualmente estabelecidas, ainda que não possa, em nenhum caso, um médico ser constrangido a praticar atos médicos contra sua vontade, sem prejuízo do disposto relativamente a situações de urgência e, bem assim, ao direito de recusa de prestação de cuidados). O médico não aceitando situações de interferência externa que lhe cerceiem a liberdade de fazer juízos clínicos e éticos e de atuar em conformidade com as *leges artis*, tem ainda o dever de comunicar à Ordem todas as tentativas de condicionar a liberdade do seu exercício ou de imposição de condições que prejudiquem os doentes.

O médico não pode ultrapassar os limites das suas qualificações e competências e sempre que entenda necessário o médico deve pedir a colaboração de outro médico ou indicar ao doente um colega que julgue mais qualificado. Quando o médico incumbir outros profissionais de saúde, médicos ou não médicos devidamente habilitados, da prática de atos é dever do médico não ultrapassar as competências destes profissionais, sendo também responsável pelos atos praticados sob a sua orientação, nos termos do artigo 9º: "o médico é responsável pelos seus atos e pelos praticados por profissionais sob a sua orientação, desde que estes não se afastem das suas instruções, nem excedam os limites da sua competência".

Exceto em situações de emergência em que não possa recorrer em tempo útil a colega competente, o médico não pode, em caso algum, praticar atos médicos para os quais reconheça não ser capaz ou não possuir a competência técnica e capacidade física e mentais exigíveis. O médico não pode incumbir outros profissionais de saúde da realização de diagnóstico, prescrição ou gestão clínica autónoma de doentes.

O artigo 12º, que deve ser lido conjuntamente com o artigo 138º do EOM, positiva o direito à objeção de consciência nos seguintes termos: "o médico tem o direito de recusar a prática de ato da sua profissão quando tal prática entre em conflito com a sua consciência, ofendendo os seus princípios éticos, morais, religiosos, filosóficos, ideológicos ou humanitários". A objeção de consciência há-de ser manifestada perante situações concretas em documento que pode ser registado na Ordem, assinado pelo médico objetor e comunicado ao diretor clínico do estabelecimento de saúde, devendo a sua decisão ser comunicada ao doente, ou a quem no seu lugar prestar o consentimento, em tempo útil, daí não podendo resultar para o médico objetor qualquer prejuízo pessoal ou profissional. A objeção de consciência não pode ser invocada em situação urgente e que implique perigo de vida ou grave dano para a saúde, se não houver outro médico disponível a quem o doente possa recorrer. A objeção de consciência distingue-se da objeção técnica, isto é, a recusa de subordinação a ordens técnicas oriundas de hierarquias institucionais, legal ou contratualmente estabelecidas, ou a normas de orientação adotadas institucionalmente, que pode ser usada quando o médico se sentir constrangido a praticar ou deixar de praticar atos médicos, contra a sua opinião técnica, devendo, nesse caso, justificar-se de forma clara e por escrito.

O artigo 15º consagra que o doente tem o direito de escolher livremente o seu médico, e este o dever de respeitar e defender tal direito. O médico assistente deve, não só respeitar o direito do doente a mudar de médico, mas antes antecipar-se, por dignidade profissional, à menor suspeita de que tal vontade exista.

O médico pode *recusar-se a prestar assistência a um doente*, exceto quando este se encontrar em perigo iminente de vida ou não existir outro médico com a qualificação adequada a quem o doente possa recorrer. O médico pode *recusar continuar a prestar assistência a um doente*, quando se verifiquem cumulativamente os seguintes requisitos:

a) não haja prejuízo para o doente, por lhe ser possível assegurar assistência por médico com a qualificação adequada;
b) o médico forneça os esclarecimentos necessários para a regular continuidade do tratamento;
c) o médico advirta o doente ou a família com a antecedência necessária a assegurar a substituição.

O médico pode, ainda, nos termos do artigo 17º, recusar a realização de qualquer ato ou exame cuja indicação clínica lhe pareça mal fundamentada.

b) Consentimento do doente

O Código Deontológico reserva um capítulo ao consentimento do doente. Este só é válido se este, no momento em que o dá, tiver capacidade de decidir livremente, se estiver na posse da informação relevante e se for dado na ausência de coações físicas ou morais. Quando existir uma diretiva antecipada de vontade ou a nomeação de um procurador de cuidados de saúde por parte do doente, o médico deve respeitar as suas decisões nos termos previstos na lei, sem prejuízo do exercício do seu direito à objeção de consciência.

O consentimento dos menores ou de doentes com alterações cognitivas que os tornem incapazes, temporária ou definitivamente, de dar o seu consentimento, deve ser solicitado ao seu representante legal, se possível. A opinião dos menores deve ser tomada em consideração, de acordo com a sua maturidade, mas o médico não fica desobrigado de obter o consentimento aos representantes legais daqueles e de ponderar eventuais interesses contrapostos.

A atuação dos médicos deve ter sempre como finalidade a defesa dos melhores interesses dos doentes, i.e., a decisão que este tomaria de forma livre e esclarecida se para tal tivesse capacidade, e em especial dos doentes incapazes de comunicarem a sua vontade. A informação fornecida pelos representantes legais, familiares ou pessoas das relações próximas é relevante para o esclarecimento da vontade dos doentes. Cabe ao médico ponderar, em cada caso, a necessidade de requerer ao tribunal o suprimento judicial de consentimento do doente.

O médico deve presumir o consentimento dos doentes nos seguintes casos: a) em situações de urgência, quando não for possível obter o consentimento do doente e desde que não haja qualquer indicação segura de que o doente recusaria a intervenção se tivesse a possibilidade de manifestar a sua vontade; b) quando só puder ser obtido com adiamento que implique perigo para a vida ou perigo grave para a saúde; c) quando tiver sido dado para certa intervenção ou tratamento, tendo vindo a realizar-se outro diferente, por se ter revelado imposto como meio para evitar perigo para a vida ou perigo grave para a saúde, salvo se se verificarem circunstâncias que permitam concluir com segurança que o consentimento seria recusado.

O consentimento pode assumir a forma oral ou escrita. O consentimento escrito e ou testemunhado é exigível em casos expressamente determinados pela lei ou regulamento deontológico.

Se o doente, a família ou o representante legal, esgotadas todas as formas de esclarecimento adequadas, recusarem os exames ou tratamentos indicados pelo médico, pode este recusar-se a assisti-lo nos termos do artigo 16º, sem prejuízo do disposto na parte final do nº 7 do artigo 21º Em caso de perigo de vida de doente com capacidade para decidir, a recusa de tratamento imediato que a situação imponha só pode ser feita pelo próprio doente, expressa e livremente.

c) Segredo médico

O segredo médico é condição essencial ao relacionamento médico-doente, assenta no interesse moral, social, profissional e ético, que pressupõe e permite uma base de verdade e de mútua confiança. Já vimos que o EOM, no seu artigo 139º, o consagra expressamente. O segredo médico impõe-se em todas as circunstâncias dado que resulta de um direito inalienável de todos os doentes, e abrange todos os factos que tenham chegado ao conhecimento do médico no exercício da sua profissão ou por causa dela e compreende especialmente: a) os factos revelados diretamente pela pessoa, por outrem a seu pedido ou por terceiro com quem tenha contactado durante a prestação de cuidados ou por causa dela; b) os factos apercebidos pelo médico, provenientes ou não da observação clínica do doente ou de terceiros; c) os factos resultantes do conhecimento dos meios complementares de diagnóstico e terapêutica referentes ao doente; d) os factos comunicados por outro médico ou profissional de saúde, obrigado, quanto aos mesmos, a segredo. O segredo médico mantém-se após a morte do doente.

A obrigação de segredo médico existe, quer o serviço solicitado tenha ou não sido prestado e quer seja ou não remunerado. É expressamente proibido ao médico enviar doentes para fins de diagnóstico ou terapêutica a qualquer entidade não vinculada ao segredo médico.

O artigo 31º do Código Deontológico refere-se especificamente ao segredo médico em unidades de saúde públicas, sociais, cooperativas ou privadas, determinando que os médicos que trabalhem em unidades de saúde estão obrigados, singular e coletivamente, a guardar segredo médico quanto às informações que constem do processo individual do doente. Compete-lhes a identificação dos elementos dos respetivos processos clínicos que, não estando abrangidos pelo segredo médico, possam ser comunicados a entidades, mesmo hierárquicas, que os hajam solicitado. As unidades de saúde em colaboração com os diretores clínicos devem impedir o acesso indevido de terceiros aos processos clínicos e aos sistemas informáticos que contenham informação de saúde. Qualquer litígio suscitado entre médicos e as entidades não-médicas referidas nos dois números anteriores, em que seja invocado segredo médico, é decidido, no plano ético, pelo Bastonário da Ordem.

Excluem o dever de segredo médico: a) o consentimento do doente ou, em caso de impedimento, do seu representante legal, quando a revelação não prejudique terceiras pessoas com interesse na manutenção do segredo médico; b) o que for absolutamente necessário à defesa da dignidade, da honra e dos legítimos interesses do médico, do doente ou de terceiros, não podendo em qualquer destes casos o médico revelar mais do que o necessário, nem o podendo fazer sem prévia autorização do Bastonário; c) o que revele um nascimento ou um óbito(vide os artigos 97º e 193º do Código de Registo Civil); d) as doenças de declaração obrigatória (cfr. o Despacho nº 15385-A/2016, de 21 de dezembro, da DGS, publicado na 2ª série do Diário da República). O Regulamento da Ordem dos Médicos nº 228/2019, de 15 de março (publicado na 2ª série do DR, nº 53), estabelece o procedimento de dispensa do dever de segredo prevendo a forma e requisitos de instrução do pedido, bem como a sua tramitação, e enuncia os critérios para que seja concedida escusa do dever de segredo e definidas as regras de interposição de recurso sobre as decisões proferidas.

A obrigação do segredo médico não impede que o médico tome as precauções necessárias, promova ou participe em medidas de defesa da saúde, indispensáveis à salvaguarda da vida e saúde de pessoas que possam contactar com o doente, nomeadamente dos membros da família e outros conviventes. Sendo a preservação da vida um valor fundamental, deverá o médico, em circunstância em que um doente tenha um comportamento que traga um risco real e significativo para a vida ou perigo grave para a saúde de outra pessoa, tentar persuadi-lo a modificar o seu comportamento, nomeadamente declarando que de outro modo irá revelar a sua situação às pessoas interessadas. Se o doente não modificar o seu comportamento, apesar de advertido, o médico deve informar as pessoas em risco, caso as conheça, após comunicar ao doente que o vai fazer. Nas situações em que o risco de vida e o perigo para a saúde ou vida de terceiros seja grave ou iminente, o médico deve tomar as medidas adequadas a evitar que o mesmo se produza, devendo adotar as providências necessárias junto das entidades competentes.

Na cobrança judicial ou extrajudicial de honorários, o médico não pode quebrar o segredo médico a que está vinculado, salvo em situações excecionais em que tal se mostre imprescindível para a defesa dos seus interesses e desde que para tanto tenha autorização do Bastonário da Ordem.

O artigo 35º, sobre a intervenção em processos administrativos ou judiciais, determina que o médico que nessa qualidade seja convocado como testemunha para comparecer perante a autoridade que o convocou, não poderá prestar declarações ou produzir depoimento sobre matéria de segredo médico, exceto nas situações previstas nas alíneas a) e b) do artigo 32º ou na lei. Quando o médico invoque o dever de segredo, pode solicitar à Ordem declaração que ateste a natureza inviolável do sigilo no processo ou procedimento em causa.

Quanto aos dados médicos informatizados, rege o artigo 36º que os ficheiros automatizados, as bases e bancos de dados médicos, contendo informações extraídas de histórias clínicas sujeitas a segredo médico, devem ser equipados com sistemas, e utilizados com procedimentos de segurança, que impeçam a consulta, alteração ou destruição de dados por pessoa não autorizada a fazê-lo e que permitam detetar desvios de informação. O acesso aos ficheiros automatizados, as bases e bancos de dados médicos são da responsabilidade de um médico. Os responsáveis pelos ficheiros automatizados, as bases e bancos de dados médicos, bem como as pessoas que, no exercício das suas funções, tenham conhecimento dos dados pessoais neles registados, ficam obrigados a segredo, mesmo após o termo de funções. Os ficheiros automatizados, as bases e bancos de dados médicos não podem estar conectados com outro tipo de redes informáticas, a menos que possam garantir-se todas as condições de segurança.

Os responsáveis pelo tratamento da informação de saúde devem tomar as providências adequadas à proteção da sua confidencialidade, garantindo a segurança das instalações e equipamentos, o controlo no acesso à informação, bem como o reforço do dever de sigilo e da educação deontológica de todos os profissionais. As unidades do sistema de saúde devem impedir o acesso indevido de terceiros aos processos clínicos e aos sistemas informáticos que contenham informação de saúde, incluindo as respetivas cópias de segurança, assegurando os níveis de segurança apropriados e cumprindo as exigências estabelecidas pela legislação que regula a proteção de dados pessoais, nomeadamente para evitar a sua destruição, acidental ou ilícita, a alteração, difusão ou acesso não autorizado ou qualquer outra forma de tratamento ilícito da informação. A informação de saúde só pode ser utilizada pelo sistema de saúde nas condições expressas em autorização escrita do seu titular ou de quem o represente. O acesso a informação de saúde pode, desde que anonimizada, ser facultado para fins de investigação. A gestão dos sistemas que organizam a informação de saúde deve garantir a separação entre a informação de saúde e genética e a restante informação pessoal, designadamente através da definição de diversos níveis de acesso. A gestão dos sistemas de informação deve garantir o processamento regular e frequente de cópias de segurança da informação de saúde, salvaguardadas as garantias de confidencialidade estabelecidas por lei.

Os médicos com cargos de direção em organismos prestadores de cuidados de saúde são responsáveis pela adequação às normas deontológicas dos serviços que dirigem, devendo nomeadamente: a) estabelecer os mecanismos necessários para a preservação da intimidade e confidencialidade dos doentes; b) tratar as informações a serem transmitidas aos meios de comunicação social de um modo adequado e após obtenção do consentimento do doente ou do seu representante legal; c) exigir dos seus colaboradores médicos e não-médicos, e ainda dos estudantes das diversas áreas de saúde, a preservação da intimidade e da confidencialidade das informações clínicas, sujeitas a segredo médico.

d) Atestado médico

A secção sobre os atestados médicos – os atestados médicos, certificados, relatórios ou declarações são documentos particulares, assinados pelo seu autor de forma reconhecível e só são emitidos a pedido do interessado, ou do seu representante legal, deles devendo constar a menção desse pedido – começa nos artigos 44º e ss do Código Deontológico. Determina aquele preceito que por solicitação livre e sem qualquer coação do interessado ou seu legal representante, o médico tem o dever de atestar e registar os estados de saúde ou doença que verifique durante a prestação do ato médico. Os atestados de doença, além da correta identificação do interessado, devem afirmar, sendo verdade, a existência de doença, a data do seu início, os impedimentos resultantes e o tempo provável de incapacidade que determine; não devem especificar o diagnóstico de que o doente sofre, salvo por solicitação expressa do doente, devendo o médico, nesse caso, fazer constar esse condicionalismo. Para prorrogação do prazo daquela incapacidade, deve proceder-se à emissão de novo atestado médico.

O médico não está impedido de realizar atos médicos sobre si próprio ou familiares diretos; o único impedimento é relativamente a si próprio ou em situação de manifesto conflito de interesses.

Os atestados de complacência são proibidos. O médico não pode emitir atestados de complacência ou relatórios tendenciosos sobre o estado de saúde ou doença de qualquer pessoa mesmo que esta lho solicite. Todos os factos atestados, bem como as razões subjacentes às declarações produzidas, devem constar de um registo na posse do médico ou da instituição prestadora.

e) Publicidade

O artigo 56º estabelece que na divulgação da sua atividade profissional o médico deve nortear-se pelo interesse do doente abstendo-se de práticas que pressuponham ou criem falsas necessidades de consumo. A publicidade da atividade médica, já de acordo com o artigo 136º do EOM, deve ser meramente informativa das condições de atendimento ao público e da qualificação profissional do médico cujo título esteja reconhecido pela Ordem. É vedada aos médicos a divulgação de informação suscetível de ser considerada como garantia de resultados ou que possa ser considerada publicidade enganosa. A publicação de anúncios em qualquer dos suportes permitido por lei, bem como a divulgação de informações, tem de revestir forma discreta e prudente.

O médico deve respeitar a veracidade dos títulos profissionais e académicos que utilize. É vedado aos médicos utilizar na prática clínica quaisquer títulos ou designações derivados de provas, concursos ou formação nacional ou internacional que não correspondam à área específica de especialização clínica e que não tenham obtido a prévia concordância da Ordem.

A publicitação de estudos, investigações ou descobertas científicas deve ser feita através de revistas ou de outras publicações de caráter técnico-científico. A publicação noutros meios de comunicação social só é aceitável como forma de divulgação de manifesto interesse público e nunca com fins de autopromoção ou publicidade à sua atividade profissional.

Nesta matéria é particularmente importante o Decreto-Lei nº 238/ /2015, de 14 de outubro, que estabelece o regime jurídico a que devem obedecer as práticas de publicidade em saúde desenvolvidas por quaisquer intervenientes, de natureza pública ou privada, sobre as intervenções dirigidas à proteção ou manutenção da saúde ou à prevenção e tratamento de doenças, incluindo oferta de diagnósticos e quaisquer tratamentos ou terapias, independentemente da forma ou meios que se proponham utilizar. Este decreto-lei é ainda aplicável às práticas de publicidade relativas a atividades de aplicação de terapêuticas não convencionais. O Regulamento ERS 1058/2016, de 24 de novembro, incorpora uma Recomendação *para as* práticas publicitárias dos prestadores de cuidados de saúde.

f) Consultório médico

O artigo 59º define o consultório médico como o local de trabalho onde o médico exerce a sua atividade profissional.

O consultório médico deve ter instalações e meios técnicos adequados ao exercício da profissão. Não podem ser realizadas atividades em condições ou locais que possam comprometer a dignidade da profissão, a qualidade dos atos médicos, a reserva da intimidade dos doentes e o respeito pelo segredo médico, nomeadamente, em farmácias e parafarmácias, estabelecimentos de vendas de próteses e ortóteses, estabelecimentos de óticas, ou ervanárias.

É vedado aos médicos que exercem a profissão em consultório adquirido por transmissão utilizar o nome ou designação do médico anterior em qualquer ato da sua atividade profissional, inclusive na identificação do próprio consultório. Os consultórios detidos por sociedades consideram-se abrangidos pelo estabelecido nas normas deontológicas deste Regulamento, respondendo o seu diretor clínico pelo cumprimento das suas disposições, independentemente das responsabilidades individuais que caibam a cada médico.

4. Código Deontológico – O médico ao serviço da comunidade

O artigo 92º estabelece um princípio geral de colaboração, reafirmando o artigo 143º do EOM. Seja qual for o seu estatuto profissional, o médico deve, com pleno respeito pelos preceitos deontológicos, colaborar e apoiar as entidades prestadoras de cuidados de saúde. Pode, porém, cessar a sua colaboração em caso de grave violação dos direitos, liberdades e garantias individuais das pessoas que lhe estão confiadas, ou em caso de grave violação da dignidade, liberdade e independência da sua ação profissional. O médico pode, ainda, recusar a sua colaboração em situações concretas relativamente às quais invoque o direito à objeção de consciência, como já referimos.

O artigo 93º, com a epígrafe "Responsabilidade social", estabelece que o médico no exercício do seu direito à independência na orientação dos cuidados e na escolha da terapêutica deve assumir uma atitude responsável perante os custos globais da saúde. O médico deve prestar os melhores cuidados possíveis no condicionalismo financeiro existente, mas não pode, em função deste, realizar ou prescrever o que considere deletério para o doente. Em caso algum pode o médico prescrever terapêuticas ou solicitar exames complementares de diagnóstico que não visem o interesse direto do doente a seu cargo. É proibida qualquer forma de prescrição que vise o interesse financeiro do próprio médico ou de terceiros. O médico tem ainda a obrigação de conhecer os custos das terapêuticas que prescreve, devendo optar pelos menos onerosos, desde que esta atitude não prejudique os interesses do doente.

O artigo 94º é uma norma que impõe ao médico que, sem prejuízo do segredo profissional, emita a documentação necessária para que o doente possa exercer os seus direitos.

No exercício da sua profissão, deve o médico cooperar para a defesa da saúde pública, competindo-lhe designadamente: a) participar prontamente às autoridades de saúde os casos de doenças contagiosas de declaração obrigatória e os casos de doenças contagiosas graves ou de fácil difusão; b) prestar serviços profissionais em caso de epidemia, sem abandonar os seus doentes, sempre que tal lhe seja solicitado pelas autoridades de saúde; c) prestar serviços profissionais em caso de catástrofe, oferecendo os seus préstimos às autoridades e atuando em coordenação com elas; d) cooperar com as autoridades na execução de medidas destinadas a prevenir o uso ilícito de drogas; e) prestar informações, no que seja do seu conhecimento, à autoridade de saúde, sobre os factos e circunstâncias que possam respeitar à saúde pública e responder a qualquer inquérito quando por elas solicitado; f) obedecer às determinações das autoridades de saúde, sem prejuízo do cumprimento das normas deontológicas; g) desencadear os mecanismos adequados de ajuda a colegas vítimas de doença física ou psíquica quando estes não reconheçam a sua doença.

Estabelece o artigo 96º que a declaração de óbito deve ser confirmada pelo certificado de óbito, emitido pelo médico que o verifique, em suporte oficialmente aprovado. No certificado de óbito de pessoa a quem o médico tenha prestado assistência (o médico que tenha preceituado ou dirigido o tratamento da doença até à morte, ou que tenha visitado ou dado consulta extra-hospitalar ao doente dentro da semana que tiver precedido o óbito), este deve indicar a doença causadora da morte, se dela tiver conhecimento, a não ser que tenha prestado assistência trabalhando em instituições oficiais de saúde, pois neste caso são estas que devem fornecer as informações necessárias. Havendo indícios de morte violenta ou se o médico ignorar a causa da morte, este deve comunicar imediatamente o facto às autoridades competentes, a fim de estas promoverem as diligências necessárias à averiguação da causa da morte e das circunstâncias em que esta tenha ocorrido. Nos casos de óbito por doenças contagiosas consideradas graves ou de fácil difusão, o médico deve participar à autoridade de saúde local, indicando ainda no certificado de óbito a necessidade de inumação fora do prazo legal, nomeadamente de inumação urgente, em caso de epidemia ou doença contagiosa que assim o exija, ou de qualquer outra circunstância que interesse à saúde pública, devendo preceituar, em caso de ausência da respetiva autoridade de saúde, as condições de isolamento, transporte e inumação do cadáver.

No artigo 97º encontramos um dever de isenção no exercício da atividade: o médico que presta serviço em estabelecimento de saúde não deve exercer essas funções em proveito da sua clínica particular ou de qualquer outra instituição de cuidados de saúde.

Por último, refira-se o artigo 98º, que estabelece doutrina que já motivou várias pronuncias da Ordem. É dever imperioso do médico comunicar à Ordem, de forma rigorosa, objetiva e confidencial, as atitudes fraudulentas ou de incompetência no exercício da Medicina de que tenha conhecimento, aceitando depor nos processos que, em consequência, sejam instaurados.

5. Código Deontológico – Relação entre médicos

O artigo 107º, sobre o princípio geral da relação entre médicos, determina que constitui dever dos médicos, nas suas relações recíprocas, proceder com a maior correção e urbanidade. Todos os médicos têm direito a ser tratados com respeito e consideração pelos seus colegas, sem discriminação ou perseguição, nomeadamente com base na ascendência, sexo, raça, língua, território de origem, religião, convicções políticas ou ideológicas, diferenciação, situação económica, condição social ou orientação sexual.

A solidariedade entre médicos constitui dever fundamental do médico e deve ser exercida com respeito mútuo e tendo em atenção os interesses dos doentes. O médico não deve fazer declarações desprimorosas ou falsas sobre a competência de um colega, os tratamentos por este prescritos, os seus comportamentos ou outras características, e por essa forma tentar influir na livre escolha do médico pelo doente ou na seleção de um empregador. O médico não deve fazer afirmações ou declarações públicas contra colegas. Não constitui falta ao dever de solidariedade, mas uma obrigação ética, o facto de um médico comunicar à Ordem, de forma objetiva e com a devida discrição, as infrações dos seus colegas contra as regras técnicas e deontológicas da profissão médica (de acordo com o já referido artigo 98º).

O artigo 109º, sobre conflitos ou diferenças de opinião, estabelece que um médico não deve criticar, perante o doente ou terceiros, a decisão de outro médico relativamente a um doente. Se um médico considera que o diagnóstico, tratamento ou qualquer decisão técnica de um colega é incorreta, tem a obrigação de lhe dar a conhecer diretamente a sua opinião. Os conflitos ou as diferenças de opinião relativos à conduta entre médicos que não possam ser resolvidos consensualmente devem ser comunicados à Ordem. Estes deveres subordinam-se sempre às necessidades de salvaguardar a vida e a saúde do doente.

O artigo 110º estabelece, ainda, um dever de auxílio: em benefício dos seus doentes, os médicos têm o dever de partilhar os seus conhecimentos científicos, sem qualquer reserva. Se um médico pede auxílio para o tratamento de um doente, os colegas devem sempre prestá-lo.

O doente tem direito a uma segunda opinião e o artigo 111º estabelece que o próprio médico deve encorajar o doente a pedir uma segunda opinião caso o entenda útil ou se aperceba de que é essa a vontade do doente, caso em que o médico deve fornecer todos os elementos relevantes que possam ser utilizados por outros médicos.

O médico não deve interferir na assistência que esteja a ser prestada por outro colega a um doente. Não se considera haver interferência nas situações de urgência ou de consulta livre por parte do doente a outro médico; todavia este tem a obrigação de advertir o paciente do prejuízo de existir uma assistência médica múltipla, não consensual. O médico que tiver, ocasionalmente, acesso a informação clínica de que discorde de forma relevante e que tenha potenciais consequências para o doente, deve comunicar a sua opinião ao médico assistente do doente.

Se um médico se tornar incapaz de tratar os seus doentes, por doença ou qualquer outra razão, é dever dos colegas tomarem as medidas necessárias para que de tal circunstância não advenha perigo ou dano para os doentes. É dever dos médicos prestar auxílio ao colega incapaz e, se necessário, informar a Ordem para que esta desencadeie as medidas adequadas à prevenção de perigo ou dano para os doentes e para o próprio médico.

O exercício da medicina em equipa, seja ela integrada por médicos da mesma ou de diferentes especialidades, subespecialidades ou competências, não prejudica a responsabilidade técnica própria da qualificação, nem a responsabilidade deontológica, de cada médico. A hierarquia na equipa assistencial deve ser respeitada, mas não pode constituir instrumento de domínio ou exaltação pessoal.

O médico que detiver a direção da equipa deverá aceitar a decisão de abstenção de atuar quando invocada por algum dos seus elementos que opuser uma objeção científica fundamentada ou de consciência. Providenciará, ainda, para que exista um ambiente de exigência ética e de tolerância que proporcione a diversidade de opiniões profissionais, podendo, contudo, definir padrões técnicos de atuação, sem prejuízo do disposto no número anterior.

Nos termos do artigo 115º, o médico que exerça funções hierárquicas superiores ou de formação tem a obrigação de, sem prejuízo do dever de respeito, controlar o trabalho dos médicos subordinados ou formandos devendo, ainda, intervir sempre que detete condutas incorretas daqueles no âmbito do procedimento médico, da orientação do diagnóstico e da terapêutica, das relações com os familiares dos doentes ou com quaisquer profissionais de saúde. A intervenção deve ser feita de forma discreta e com o intuito de esclarecer e corrigir as incorreções verificadas. O médico superior hierárquico ou formador deve proceder à pronta correção do erro verificado nas situações em que possa estar em risco a saúde ou a vida do doente.

O artigo 116º, sobre publicações ou comunicações, estabelece que nas publicações ou outras comunicações, o médico deve respeitar e difundir o trabalho desenvolvido pela equipa que nelas tenha colaborado, bem como a utilização dos conhecimentos de outros especialistas, se for o caso. É vedado ao médico ser autor ou coautor de artigo ou comunicação para o qual não tenha contribuído diretamente ou com o qual não concorde.

6. Código Deontológico – Relações dos médicos com terceiros

a) Relações com estabelecimentos de cuidados médicos

O artigo 120º reitera que o estatuto profissional do médico nas unidades de saúde não pode sobrepor-se às normas da deontologia profissional. Do mesmo modo, a liberdade de escolha pelo médico dos meios de diagnóstico e tratamento não pode ser limitada por disposição estatutária, contratual ou regulamentar, ou por imposição da entidade de prestação de cuidados médicos, sem todavia impedir o controlo médico hierarquizado do ato médico, o qual deve realizar-se sempre no interesse do doente, nem a existência de orientações, normas e protocolos respeitantes à utilização de meios complementares de diagnóstico e tratamento, desde que aprovados pela Ordem dos Médicos ou pela Direção Clínica da Unidade de Saúde, após ampla discussão e consenso com os médicos abrangidos.

O artigo 122º, sobre estruturas médicas, estabelece que na regulamentação de uma entidade prestadora de cuidados médicos rejeita-se qualquer cláusula que, para apreciação de litígios de ordem deontológica entre médicos, reconheça competência a não médicos. O estatuto, contrato ou documento regulador das relações entre médicos e instituições, deve prever que o médico manterá supremacia hierárquica técnica sobre o pessoal colaborador em tudo o que respeite à assistência médica.

b) Relações com outros profissionais de saúde

O médico, nas suas relações com os outros profissionais de saúde, deve respeitar a sua independência e dignidade, como nos afirma o artigo

142º do EOM. O artigo 124º do Código Deontológico estabelece que o médico, nas relações com os seus colaboradores não médicos, deve observar uma conduta de cooperação, mútuo respeito e confiança, e deve assumir a responsabilidade dos atos praticados pelos seus auxiliares desde que atuem no exato cumprimento das suas diretivas.

O médico deve respeitar os limites de atuação de cada uma das profissões da área da saúde na procura dos melhores resultados para o doente, não devendo incumbir quaisquer profissionais de saúde de serviços ou tarefas que excedam os limites da sua competência. Sem prejuízo do dever de esclarecimento, é proibido ao médico exercer influência sobre os doentes para privilegiar quaisquer intervenientes na prestação de cuidados de saúde. Sempre que tome conhecimento de factos que denunciem improbidade ou incompetência de profissionais de saúde, deve o médico comunicá-los à Ordem ou à entidade competente respetiva.

É proibida a venda pelo médico de medicamentos, dispositivos ou outros produtos médicos aos seus doentes. Pode, contudo, fornecer gratuitamente amostras com fins científicos ou de solidariedade, assim como, pode fornecer, nos casos de socorros urgentes, medicamentos, dispositivos ou outros produtos médicos, bem como produtos de contraste ou outros medicamentos necessários à execução de exames radiológicos, laboratoriais ou outros (cfr. artigo 126º). O médico não deve permitir que os seus colaboradores não-médicos prestem aos doentes serviços da sua competência que não tenha prescrito.

O artigo 128º determina que o médico não pode encobrir, ainda que indiretamente, qualquer forma de exercício ilegal da Medicina. No quadro das relações profissionais com os seus colaboradores não-médicos, deve o médico abster-se de iniciativas que possam levar estes a exercerem ilegalmente a Medicina.

c) Relações com a indústria farmacêutica e outras

No relacionamento com a indústria farmacêutica, o artigo 129º estabelece que o médico não pode solicitar ou aceitar ofertas de qualquer natureza por parte da indústria farmacêutica ou outros fornecedores de material clínico, salvo nos seguintes casos: os médicos podem aceitar ofertas, por parte da indústria farmacêutica ou de outros fornecedores de dispositivos médicos ou material clínico, que tenham valor intrínseco insignificante; os médicos podem, também, receber livros científicos e técnicos de referência ou qualquer outra informação ou material com fins especificamente formativos, desde que estejam relacionadas diretamente com a prestação de cuidados médicos ou envolvam benefício direto para os doentes; os médicos podem ainda aceitar, por parte da indústria farmacêutica ou de outros fornecedores de dispositivos médicos ou de material clínico, as seguintes ofertas: a) bolsas de estudo ou prémios científicos atribuídos publicamente por um júri independente de reconhecida idoneidade; b) fundos que possibilitem a participação dos médicos em estágios, congressos ou outras reuniões científicas, que contribuam para o aperfeiçoamento profissional dos médicos, desde que acreditados pela Ordem, e mediante a apresentação de comprovativo documental idóneo da participação no evento; c) fundos que possibilitem a organização por parte dos médicos de congressos, simpósios e outras ações de formação científica que contribuam reconhecidamente para o aperfeiçoamento profissional dos médicos, desde que acreditados pela Ordem, que é a única entidade que procede à avaliação da idoneidade científica dos eventos.

É proibida qualquer forma de retribuição ao médico em contrapartida da prescrição. Nas apresentações científicas, na atividade docente e na comunicação de resultados de investigação deve o médico revelar os seus interesses e outras relações com a indústria farmacêutica ou fornecedores de dispositivos médicos.

III. Responsabilidade disciplinar

A Lei nº 177/2015, de 31 de agosto, que aprovou as alterações ao Estatuto da Ordem dos Médicos, estabeleceu um conjunto de normas disciplinares, em anexo autónomo, revogando o, então em vigor, Decreto-Lei nº 217/94, de 20 de agosto. Estas regras disciplinares vieram a ser desenvolvidas e concretizadas no Regulamento 631/2016, de 8 de julho (publicado na 2ª série do Diário da República nº 130/2016), que regula a responsabilidade disciplinar. São subsidiariamente aplicáveis as normas procedimentais previstas na já referida Lei Geral do Trabalho em Funções Públicas e quanto aos prazos para a prática de atos processuais, estes são contados em dias úteis, de acordo com o artigo 87º do Código do Procedimento Administrativo.

1. Infração disciplinar e responsabilidade

Os médicos, nos termos do artigo 141º do EOM, têm o dever de cumprir o Estatuto, bem como as normas deontológicas que regem o exercício da profissão médica. Não o fazendo, cometem uma infração disciplinar, que será devidamente sancionada. Dito de outro modo, o elemento desencadeador da responsabilidade disciplinar é o cometimento de uma infração disciplinar, que o Regulamento define como toda a ação ou omissão que consista em violação por qualquer membro da Ordem, dos deveres consignados no Estatuto da Ordem, no Anexo Disciplinar e nos respetivos regulamentos.

Adotando a categorização já prevista na Lei nº 2/2013, de 10 de janeiro, o Regulamento distingue entre as infrações: *leves*, quando o arguido viole de forma negligente os deveres profissionais a que se encontra adstrito no exercício da profissão; *graves*, quando o arguido viole com dolo ou culpa grave os deveres profissionais a que se encontra adstrito no exercício da profissão; *muito graves*, quando o arguido viole os deveres profissionais a que está adstrito no exercício da profissão, afetando com a sua conduta, de forma grave, a dignidade e o prestígio da profissão.

As infrações disciplinares são puníveis a título de *dolo* ou *negligência*. Quando falamos de responsabilidade, o dolo e a negligência representam um desvalor da conduta do agente. Existe dolo quando o agente representou o resultado e se conformou com ele, quer porque o quis diretamente (*dolo direto*), quer porque a sua conduta era necessária para que o agente atingisse um determinado resultado (*dolo necessário*), quer porque o agente, representando o resultado, se conformou com ele (*dolo eventual*). Já a negligência implica da parte do agente uma violação de um dever de diligência que lhe cabia, quer essa violação seja consciente (*negligência consciente*), quer seja inconsciente (*negligência inconsciente*).

O legislador não abdica, todavia, de uma imputação subjetiva ao agente, a título de culpa. Não existe, por isso, responsabilidade disciplinar objetiva (sem culpa) do médico.

Não é contrário ao acabámos de dizer o estabelecido no artigo 9º do CD, onde se estabelece que *"o médico é responsável pelos seus atos e pelos praticados por profissionais sob a sua orientação, desde que estes não se afastem das suas instruções, nem excedam os limites da sua competência"*. Existe, nesta hipótese, culpa própria do médico – *in elegendo*, *instruendo* ou *vigilando* –, suscetível de desencadear um juízo de desvalor. A regra, repetimos, é a da liberdade do médico, que no exercício da sua profissão é técnica e deontologicamente independente e responsável pelos seus atos.

Nos termos do artigo 15º são circunstâncias dirimentes da responsabilidade disciplinar: a) a coação física; b) a privação acidental e involuntária do exercício das faculdades intelectuais no momento da prática da infração; c) a legítima defesa, própria ou alheia; d) a não exigibilidade de conduta diversa; e) o exercício de um direito ou o cumprimento de um dever.

2. Quem está sujeito a responsabilidade disciplinar médica

Todos os médicos estão sujeitos a responsabilidade disciplinar. Ou, dito de outra maneira, os membros da Ordem estão sujeitos ao poder disciplinar dos seus órgãos. A suspensão ou o cancelamento da inscrição na Ordem não fazem cessar a responsabilidade disciplinar por infrações anteriormente praticadas pelo membro da Ordem, e o médico continua sujeito ao poder disciplinar na Ordem ainda durante o tempo de suspensão da inscrição. Do mesmo modo, a punição com uma eventual sanção de expulsão não faz cessar a responsabilidade disciplinar do membro da Ordem relativamente às infrações por ele cometidas antes da decisão definitiva que tenha aplicado aquela sanção. Esta responsabilidade disciplinar pode, inclusivamente, obstaculizar um processo de reabilitação do médico.

Para efeitos disciplinares, os profissionais que prestem serviços em território nacional em regime de livre prestação são equiparados aos membros da Ordem, nos termos do nº 2 do artigo 4º da Lei 9/2009, de 4 de março, alterada pelas Leis 41/2012, de 28 de agosto, 25/2014, de 2 de maio e 31/2021, de 24 de maio, com as especificidades constantes do nº 8 do artigo 13º e do Regulamento. Igualmente, as pessoas coletivas membros da Ordem estão sujeitas ao poder disciplinar dos órgãos desta última.

3. A ação disciplinar

A ação disciplinar pode comportar duas formas de processo: o processo de averiguação e o processo disciplinar, propriamente dito. O *processo de averiguação* é aplicável quando não seja possível identificar claramente a existência de uma infração disciplinar ou o respetivo infrator, impondo-se a realização de diligências sumárias para o esclarecimento ou a concretização dos factos em causa. Já o *processo disciplinar* é aplicável sempre que existam indícios de que determinado membro da Ordem praticou factos devidamente concretizados, suscetíveis de constituir infração disciplinar.

O Regulamento estabelece princípios gerais aos dois processos: a tramitação e instrução dos processos disciplinar e de averiguação regem-se pelos princípios da verdade material, da cooperação entre os sujeitos processuais e da celeridade, assegurando-se todas as garantias de defesa.

Em especial, o processo de averiguação regula-se, em geral, pelas normas aplicáveis ao processo disciplinar, com as necessárias adaptações. Depois de averiguada a identidade do médico visado ou, logo que se mostrem minimamente concretizados ou esclarecidos os factos participados, sendo eles suscetíveis de constituir infração, é proposta ao presidente do conselho disciplinar competente a imediata conversão do processo de averiguação em processo disciplinar, mediante parecer sucintamente fundamentado.

Quando no processo de averiguação se conclua que a participação é manifestamente inviável ou infundada, será elaborado parecer propondo o imediato arquivamento do processo.

Prosseguiremos, assim, com a análise do regime regra, o regime do processo disciplinar.

4. Processo disciplinar

O processo disciplinar está dividido em cinco momentos: a participação, a instauração do processo, a instrução, a defesa e a decisão. Vejamos cada um deles, autonomamente.

a) Participação

O processo é instaurado com base em participação dirigida à Ordem pelo próprio queixoso ou pelo seu representante legal, sempre que seja necessário averiguar matéria sujeita a segredo, ou, noutros casos, por qualquer pessoa ou entidade devidamente identificada, que tenha conhecimento de facto suscetível de integrar infração disciplinar. No caso de não ter existido participação, o presidente do conselho superior ou do presidente do conselho disciplinar competente podem determinar a abertura de processo disciplinar. Relembre-se que o processo de averiguação é aplicável quando não seja possível identificar claramente a existência de uma infração disciplinar ou o respetivo infrator, impondo-se a realização de diligências sumárias para o esclarecimento ou a concretização dos factos em causa, ao contrário do processo disciplinar, que é aplicável sempre que existam indícios de que determinado membro da Ordem praticou factos devidamente concretizados, suscetíveis de constituir infração disciplinar. Assim, também na hipótese de serem o presidente do conselho superior ou do presidente do conselho disciplinar competente a determinarem a ação disciplinar, caber-lhes-á escolher a forma de processo, de acordo com este critério.

Em geral, têm legitimidade para participar à Ordem factos suscetíveis de constituir infração disciplinar: os órgãos executivos da Ordem; qualquer pessoa, independentemente de ser direta ou indiretamente afetada pelos factos participados; o Ministério Público e os órgãos de polícia criminal, que remetem à Ordem certidão das denúncias, participações ou queixas apresentadas contra membros da Ordem e que possam consubstanciar factos suscetíveis de constituir infração disciplinar. Os tribunais e quaisquer autoridades devem dar conhecimento à Ordem da prática, por parte de membros da Ordem, de factos suscetíveis de constituir infração disciplinar.

A participação deve ser redigida em língua portuguesa, sem necessidade de formalismos especiais, e deve ser inteligível, com relato concretizado dos factos suscetíveis de constituírem infração disciplinar, identificação do médico visado, e manifestando clara intenção de participação disciplinar. O participante deve identificar-se na participação pela indicação de nome completo, morada e pela junção de cópia legível de seu documento de identificação civil. Tratando-se de pessoa coletiva deve a participação identificar claramente a mesma bem como o seu representante legal.

A participação de factos suscetíveis de constituir infração disciplinar sem que o denunciante esteja identificado pode motivar uma participação por parte de um órgão executivo da Ordem dos Médicos.

Subsequente à participação dos factos suscetíveis de constituir infração disciplinar, haverá lugar para a correspondente ação disciplinar. A desistência da participação disciplinar pelo interessado extingue o processo disciplinar, salvo se a infração imputada afetar a dignidade do membro visado e, neste caso, este manifeste intenção de continuação do processo, ou o prestígio da Ordem ou da profissão, em qualquer uma das suas especialidades.

b) Instauração do processo disciplinar

Recebendo a Ordem dos Médicos uma participação, com indicação de factos suscetíveis de constituírem uma infração disciplinar, dará normalmente início à ação disciplinar. A lei não impede que os órgãos disciplinares façam um saneamento preliminar, recusando a ação disciplinar que seja, numa análise meramente perfunctória, manifestamente improcedente, quer porque os factos não são suscetíveis de integrar qualquer violação de dever deontológico (pense-se, por exemplo, na mulher que se queixa que o médico, seu ex-marido, 'recebia amantes no seu consultório'), quer porque a queixa não cabe subjetivamente na jurisdição da Ordem dos Médicos (pense-se, por exemplo, numa queixa contra o Conselho Médico-Legal).

Nos casos em que, numa análise igualmente perfunctória, não seja clara a existência de uma infração disciplinar, o presidente do conselho disciplinar competente pode, se assim o entender, começar por instaurar um processo de averiguação sumária, tendo em vista um melhor esclarecimento dos factos. Só depois se decidirá se, nos termos do artigo 29º, nº 2, do Regulamento, é de instaurar processo disciplinar.

O procedimento disciplinar é instaurado por deliberação do conselho disciplinar competente – sublinhe-se que em princípio é competente o conselho disciplinar regional, mas que o conselho superior tem competência disciplinar nos processos em que sejam arguidos o bastonário e os membros do conselho superior ou do conselho nacional.

Saliente-se ainda que o início da ação disciplinar é imposto quando haja *indícios* de que determinado membro da Ordem praticou factos devidamente concretizados, suscetíveis de constituir infração disciplinar. A instauração de processo disciplinar não implica qualquer pré-juízo de culpa, gozando o médico arguido da presunção legal de inocência até prova em contrário. A final, pode nem sequer haver despacho de acusação, como veremos abaixo.

Sob a epígrafe "legitimidade processual", veio o artigo 12º estabelecer que as pessoas com interesse direto, pessoal e legítimo relativamente aos factos participados, bem como os órgãos executivos da Ordem que sejam participantes, podem solicitar à Ordem a sua intervenção no processo, requerendo e alegando o que tiverem por conveniente.

O direito a instaurar o procedimento disciplinar prescreve no prazo de cinco anos, a não ser que a infração disciplinar constitua simultaneamente infração criminal para a qual a lei estabeleça prescrição sujeita a prazo mais longo, em que o procedimento disciplinar apenas prescreve após o decurso deste último prazo. O Regulamento apresenta uma enumeração no mínimo confusa sobre o início da contagem. Assim, o prazo de prescrição do procedimento disciplinar corre a contar da prática do ato, ou do último ato em caso de prática continuada (nº 1), desde o dia em que o facto se tiver consumado (nº 3); ou, segundo o nº 4: a) nas infrações instantâneas, desde o momento da sua prática; b) nas infrações continuadas, desde o dia da prática do último ato; c) nas infrações permanentes, desde o dia em que cessar a consumação.

O procedimento disciplinar também prescreve se, desde o conhecimento pelo órgão competente para a instauração do mesmo ou desde a participação efetuada nos termos do nº 1 do artigo 11º, o procedimento disciplinar não tiver início no prazo de um ano. O prazo de prescrição do procedimento disciplinar suspende-se durante o tempo em que o procedimento disciplinar estiver suspenso, a aguardar despacho de acusação ou de pronúncia em processo penal ou uma decisão de primeira instância, dependendo da complexidade do processo, voltando a correr a partir do dia em que cessar a causa da suspensão, e interrompe-se com a notificação ao arguido da instauração do procedimento disciplinar e da acusação.

i) Suspensão preventiva

Determina o artigo 33º do Regulamento que, após a audição do arguido, ou se este, tendo sido notificado, não comparecer para ser ouvido, pode ser ordenada a sua suspensão preventiva, mediante deliberação tomada por maioria qualificada de dois terços dos membros do órgão competente da Ordem.

A suspensão preventiva, que não pode exceder seis meses e é sempre descontada na sanção de suspensão, só pode ser decretada nos casos em que haja indícios da prática de infração disciplinar à qual corresponda uma sanção de suspensão ou de expulsão.

ii) Regras processuais

Independentemente da fase do processo disciplinar, são asseguradas ao arguido todas as garantias de defesa nos termos gerais de direito.

Nos termos do artigo 31º do Regulamento, as notificações aos sujeitos e intervenientes processuais podem ser efetuadas por qualquer forma documentada, incluindo via postal, telecópia, correio eletrónico ou outro meio idóneo de transmissão de dados. As notificações do arguido podem ser expedidas por carta, telecópia ou correio eletrónico, para os endereços indicados pelo médico à Ordem dos Médicos, nos termos do Regulamento de Inscrição. A notificação ao médico visado da decisão de instauração de processo disciplinar, e para efeitos de exercício do direito de audição, considera-se efetuada, ainda que a mesma seja devolvida, não dando lugar à repetição da diligência. Os editais podem ainda ser publicados no portal da Ordem dos Médicos. Em tudo o que não estiver previsto neste Regulamento, em matéria de notificações, aplicam-se as disposições da Lei Geral do Trabalho em Funções Públicas.

Quanto aos atos processuais, estabelece o artigo 32º que estes valem desde que assinados por quem presida à diligência ou os pratique. Os atos processuais podem ser praticados por meios eletrónicos, com aposição de assinatura digital certificada.

Sublinhe-se, por último, que o processo é de natureza secreta até ao despacho de acusação ou arquivamento. O relator pode autorizar a consulta do processo pelo arguido, pelo participante, ou pelos interessados, quando daí não resulte inconveniente para a instrução e sob condição de não ser divulgado o que dele conste. O arguido ou o interessado, quando membro da Ordem, que não respeite a natureza secreta do processo, incorre em responsabilidade disciplinar. Mediante requerimento em que se indique o fim a que se destinam, pode o relator autorizar a passagem de certidões em qualquer fase do processo, para defesa de interesses legítimos dos requerentes, podendo condicionar a sua utilização e sem prejuízo do dever de guardar segredo. O relator pode autorizar a informação pública da pendência de processo disciplinar contra médico determinado, sem identificar os factos e a fase processual.

c) Instrução

Instaurado o procedimento disciplinar, deve o processo ser distribuído a um dos membros do conselho disciplinar competente, para instrução. O relator designado deve pedir escusa, alegando impedimento temporário ou a existência entre ele e o presumível infrator ou demais interessados, de relações que possam pôr em causa a sua independência e imparcialidade na instrução. Compete ao relator regular o andamento da instrução do processo e manter a disciplina nos respetivos atos. A instrução do processo disciplinar é sumária, devendo o relator remover todos os obstáculos ao seu célere andamento e recusar tudo o que for impertinente, inútil ou dilatório. A forma dos atos, quando não esteja expressamente regulada, deve ajustar-se ao fim em vista e limitar-se ao indispensável para o atingir.

Nos termos do artigo 41º, poderá o relator convocar a realização de uma diligência compositória entre as partes, salvo se a falta imputada afetar o prestígio da profissão ou da Ordem dos Médicos ou os interesses legítimos de terceiros. A iniciativa será precedida da remessa ao participado dos termos da participação. Do resultado da diligência será lavrada ata, subscrita por participante e participado, manifestando intenção no sentido do prosseguimento dos autos ou, havendo acordo, no sentido da extinção do processo. A leitura deste preceito não pode ser autonomizada daquela do artigo 10º, sobre a desistência da participação disciplinar pelo interessado extinguir o processo disciplinar, salvo se a infração imputada afetar a dignidade do membro visado e, neste caso, este manifeste intenção de continuação do processo, ou o prestígio da Ordem ou da profissão, em qualquer uma das suas especialidades.

Determina o artigo 43º do Regulamento que os médicos têm o especial dever de prestar total colaboração aos órgãos disciplinares da Ordem dos Médicos, no exercício das suas funções e que a falta de colaboração de qualquer médico com os órgãos disciplinares da Ordem dos Médicos, quando estes atuam no exercício das suas funções e dos poderes vinculados atribuídos por lei, constitui infração disciplinar. Os particulares, sejam pessoas singulares ou coletivas, têm o dever de colaboração com os órgãos disciplinares da Ordem dos Médicos no exercício das suas atribuições. Os órgãos disciplinares da Ordem dos Médicos podem ainda corresponder-se com quaisquer entidades públicas, autoridades judiciárias e policiais, bem como órgãos de polícia criminal, podendo requisitar documentos, cópias, certidões, informações e esclarecimentos.

Na instrução do processo são admitidos todos os meios de prova permitidos em direito. O relator deve notificar o médico arguido para se pronunciar, querendo, sobre a matéria da participação, salvo quando isso possa prejudicar a instrução.

Sem prejuízo do disposto no artigo 39º – isto é, sem prejudicar a celeridade e adequação da instrução –, o interessado e o arguido podem requerer ao relator todas as diligências que considerem necessárias ao apuramento da verdade. Constitui ónus dos sujeitos processuais proceder à apresentação das testemunhas que indiquem, salvo determinação do Relator ou requerimento fundamentado que justifique a sua notificação pelo Conselho. Os médicos indicados como testemunhas devem prestar juramento no depoimento e indicar a razão de ciência, ficando obrigados pelo dever de segredo relativamente ao objeto do processo. Os depoimentos devem ser prestados presencialmente ou por videoconferência, quando tal se justifique, nas instalações dos Conselhos Disciplinares Regionais, dos próprios Conselhos Regionais, dos Conselhos Sub-Regionais ou dos Conselhos Médicos das Regiões Autónomas.

No caso de testemunhas residentes no estrangeiro e noutros casos devidamente fundamentados pode o relator determinar o depoimento por escrito ou a sua inquirição pela autoridade consular da área.

Tratando-se de processos que tramitam no Conselho Superior, as testemunhas serão ouvidas presencialmente ou por videoconferência, nas suas instalações em Lisboa, salvo quando o relator, pessoalmente ou através de instrutor nomeado para o efeito, determinar a inquirição das mesmas nas instalações dos Conselhos Disciplinares Regionais, dos próprios Conselhos Regionais, dos Conselhos Sub-Regionais ou dos Conselhos Médicos das Regiões Autónomas

Finda a instrução, o relator profere despacho de acusação ou elabora proposta fundamentada de arquivamento do processo ou de que este fique a aguardar produção de melhor prova, consoante considere que existem ou não indícios suficientes da prática de infração disciplinar. A proposta de arquivamento ou de que o processo fique a aguardar produção de melhor prova é apresentada ao conselho disciplinar competente, o qual com ela concorda ou, ao invés, determina que o processo prossiga com a realização de diligências complementares ou com a emissão de um despacho de acusação, podendo, neste caso, ser designado novo relator de entre os membros do conselho disciplinar que tenham votado a continuação do processo. O processo pode ser reaberto se surgirem novos elementos de prova que invalidem os fundamentos invocados na deliberação de arquivamento; da decisão do conselho disciplinar que deferir ou recusar a reabertura cabe recurso para o Conselho Superior.

Quanto ao despacho de acusação, deve especificar a identidade e demais elementos pessoais relativos ao arguido, os factos imputados e as circunstâncias em que os mesmos foram praticados, as circunstâncias atenuantes e agravantes, as normas infringidas, a sanção aplicável e o prazo para a apresentação de defesa.

O arguido é notificado da acusação, nos termos do artigo 31º (carta, telecópia ou correio eletrónico, para os endereços indicados pelo médico à Ordem dos Médicos), entregando-se-lhe a respetiva cópia. A notificação, quando feita pelo correio, é remetida, sob registo com aviso de receção, para o domicílio profissional, para a residência, ou para o domicílio fiscal do arguido. Se o arguido se encontrar em parte incerta e for desconhecida a sua residência, é notificado por edital referindo apenas que se encontra pendente um processo e qual o prazo para apresentação de defesa, que deve ser afixado na porta do seu último domicílio profissional, do seu último local de trabalho ou da sua última residência ou domicílio fiscal conhecidos e ainda nas instalações do conselho disciplinar competente.

d) Defesa

O relator deve fixar um prazo para defesa do médico, não podendo ser inferior a quinze nem superior a trinta dias, exceto quando a notificação seja feita para o estrangeiro ou por edital, em que o prazo para defesa não pode ser inferior a trinta nem superior a sessenta dias. A pedido do arguido, pode o relator, em casos justificados pela complexidade da matéria ou por impedimento manifesto, prorrogar o prazo para apresentação da defesa, ou aceitá-la quando apresentada fora de prazo.

Relembre-se que o arguido pode constituir advogado em qualquer fase do processo, nos termos gerais de direito, que exercerá os direitos que a lei reconhece ao arguido.

Durante o prazo para a apresentação da defesa, pode o processo ser consultado na secretaria do conselho disciplinar competente, às horas de expediente, ou facultada cópia ao próprio ou a advogado constituído. A defesa deve ser apresentada por escrito, expondo claramente os factos, a sua interpretação e as razões que a fundamentam. Com a defesa deve o arguido, querendo, apresentar o rol de testemunhas, juntar documentos ou requerer a realização de quaisquer diligências, que podem ser recusadas quando manifestamente impertinentes, dilatórias ou desnecessárias para o apuramento dos factos. Não podem ser indicadas mais de três testemunhas por cada facto especificado, não devendo o total exceder dez testemunhas.

Nas situações em que possa vir a ser aplicada uma sanção de suspensão superior a dois anos ou de expulsão pode ter lugar a realização de uma audiência; o arguido que pretenda a realização de audiência pública deve requerê-la no momento da apresentação da defesa.

O relator pode ordenar a realização de novas diligências que considere necessárias para o apuramento da verdade. Quando surjam novos elementos probatórios, deve ser notificado o arguido para que se pronuncie, querendo, em prazo não inferior a dez nem superior a vinte dias.

e) Decisão

Após a defesa do arguido, e eventualmente após a realização das diligências adicionais, o relator elabora um relatório fundamentado, do qual constem os factos apurados, a sua qualificação e gravidade, a pena que entende dever ser aplicada ou a proposta de arquivamento dos autos.

Elaborado o relatório é este apresentado na primeira sessão que vier a ter lugar, a fim de ser submetido à apreciação dos seus membros. Se algum ou alguns membros se declararem não habilitados a deliberar, o processo é dado para vista, por cinco dias, a cada membro que a tiver solicitado, findo o que é novamente presente para julgamento. Os votos de vencido devem ser fundamentados. Em caso de empate, o presidente tem voto de qualidade.

Quando o conselho disciplinar discorde do relatório e das propostas do relator, pode deliberar a sua substituição por outro membro, que deve proceder, no prazo de quinze dias, à elaboração do novo relatório.

Havendo lugar a audiência pública, nos termos do artigo 20º, é a mesma realizada no prazo de 30 dias a contar da notificação do relatório final e nela devem participar, pelo menos, dois terços dos membros do conselho competente. A audiência pública é presidida pelo presidente do conselho ou pelo seu legal substituto e nela podem intervir o participante que seja direto titular do interesse ofendido pelos factos participados, o arguido e os mandatários que hajam constituído. A audiência pública só pode ser adiada uma vez por falta do arguido ou do seu defensor. Faltando o arguido e não podendo ser adiada a audiência, esta fica sem efeito, e o processo é decidido nos termos gerais.

Aberta a audiência, o relator lê o relatório final, procedendo-se de seguida à produção de prova complementar requerida pelo participante ou pelo arguido e que deve ser imediatamente oferecida, podendo ser arroladas até cinco testemunhas. Finda a produção de prova, é dada a palavra ao participante e ao arguido ou aos respetivos mandatários para alegações orais, por período não superior a 30 minutos. Caso o considere conveniente, o conselho pode determinar a realização de novas diligências. Encerrada a audiência, o conselho reúne para deliberar, lavrando acórdão.

As decisões finais são notificadas ao arguido, aos interessados e ao presidente do Conselho Superior.

f) Outros Processos

No âmbito disciplinar, existem ainda dois outros processos: a revisão e a reabilitação. Pode existir uma revisão de decisão definitiva proferida pelos órgãos da Ordem com competência disciplinar sempre que: *a*) uma decisão judicial transitada em julgado declarar falsos quaisquer elementos ou meios de prova que tenham sido determinantes para a decisão revidenda; *b*) uma decisão judicial transitada em julgado tiver dado como provado crime cometido por membro ou membros do órgão que proferiu a decisão revidenda e praticado no processo a rever; *c*) os factos que serviram de fundamento à decisão condenatória forem inconciliáveis com os que forem dados como provados noutra decisão definitiva e da oposição resultarem graves dúvidas sobre a justiça da condenação; *d*) se tenham descoberto novos factos ou meios de prova que, por si ou combinados com os que foram apreciados no processo, suscitem graves dúvidas sobre a justiça da decisão condenatória proferida.

Já o processo de reabilitação tem lugar quando, num processo anterior, se decidiu pela aplicação de sanção de expulsão. Decorridos que sejam 10 anos, o médico pode ser reabilitado, mediante requerimento e desde que se preencha cumulativamente os seguintes requisitos: a) tenha havido reabilitação judicial, se a ela houver lugar; b) não haja riscos para a saúde dos pacientes e da comunidade; c) se mostre acautelada a dignidade da medicina; d) o reabilitando tenha revelado boa conduta, podendo, para o demonstrar, utilizar os meios de prova admitidos em direito. Em casos especiais, a reabilitação pode ser limitada à prática de certos atos médicos.

5. Sanção disciplinar

Verificando-se a ocorrência de uma infração disciplinar, cabe ao órgão julgador decidir da aplicação de uma sanção disciplinar. Vejamos agora que tipo de sanção pode ser aplicada, como se determina e como deve ser cumprida.

a) Sanções disciplinares – tipologia

As sanções disciplinares previstas são a advertência, a censura, a suspensão até ao máximo de 10 anos e a expulsão.

A *advertência*, que consiste num mero reparo pela irregularidade praticada, é aplicada ao membro que cometa infração com culpa leve.

A *censura*, que consubstancia um juízo de reprovação ética pela falta cometida, será aplicável a infrações leves, praticadas com negligência. A sanção de *suspensão*, ou seja, o afastamento total do exercício da medicina durante o período de aplicação da sanção, caberá nos casos de infrações graves, praticadas com negligência grosseira ou dolo eventual. Constituem, entre outras, causas de suspensão, as seguintes infrações: desobediência a determinações da Ordem, quando estas correspondam ao exercício de poderes vinculados conferido por lei; violação de quaisquer deveres consagrados na lei ou no Estatuto e regulamentos da Ordem e que visem a proteção da vida, da saúde, do bem-estar ou da dignidade das pessoas, quando não lhe deva corresponder sanção superior; encobrimento do exercício ilegal da medicina; prática de infração disciplinar que também constitua crime punível com pena de prisão superior a um ano. A sanção de *expulsão* é aplicável: a) quando tenha sido cometida infração disciplinar com culpa grave que também constitua crime punível com pena de prisão superior a três anos; b) quando se verifique incompetência profissional notória, com perigo grave para a integridade física e psíquica ou vida dos pacientes ou da comunidade; c) quando ocorra encobrimento ou participação na violação de direitos da personalidade dos doentes; d) quando tenha sido cometida infração disciplinar que afete gravemente a dignidade e o prestígio profissional, retirando idoneidade ao médico para o exercício da profissão.

As sanções de suspensão por período superior a dois anos ou de expulsão só podem ser aplicadas por deliberação que reúna a maioria qualificada de dois terços dos membros do órgão disciplinarmente competente. Nos termos do artigo 20º do Regulamento, o procedimento para aplicação destas sanções pode ser sujeito a audiência pública. Havendo lugar à realização de audiência pública, o arguido é notificado das datas para a realização do julgamento, com cópia do relatório final. Sempre que em processo criminal seja imposta a proibição de exercício da profissão durante um período de tempo determinado, este é deduzido à sanção disciplinar de suspensão que, pela prática dos mesmos factos, vier a ser aplicada ao membro da Ordem. A condenação de um membro da Ordem em processo criminal é comunicada à Ordem, também para efeitos de averbamento ao respetivo cadastro.

Está ainda prevista a possibilidade de aplicação das seguintes sanções acessórias, a serem aplicadas cumulativamente com a sanção principal: a) multa de quantitativo entre duas a 22 vezes o valor da quota anual mais elevada à data da infração; b) perda de honorários; e c) publicidade da sanção. A sanção de *multa* consiste no pagamento de um valor pecuniário e é graduada em razão da gravidade da infração e da culpa do arguido e determinada por comportamento praticado em abuso da função ou com grave violação dos deveres que lhe são inerentes ou que revele grave indignidade no exercício da profissão. A *perda de honorários* consiste na devolução dos honorários já recebidos que tenham origem no ato médico objeto da infração punida, ou na perda do direito de os receber, se ainda não tiverem sido pagos. A *publicidade* da sanção é efetuada em órgãos de comunicação social, de âmbito nacional ou regional, bem como no sítio da Ordem na Internet, sem prejuízo do estabelecido no nº 4 do artigo 25º (a publicidade das sanções disciplinares, da suspensão preventiva e das sanções acessórias é promovida pelo órgão disciplinarmente competente, sendo efetuada a expensas do arguido) e determinada por comportamento que revele indignidade no exercício da profissão.

b) A determinação da sanção

Na determinação da sanção deve atender-se aos antecedentes profissionais e disciplinares do arguido, ao grau de culpa, à gravidade e às consequências da infração e a todas as demais circunstâncias agravantes ou atenuantes.

São circunstâncias atenuantes, nos termos do artigo 16 do Regulamento: a) o exercício efetivo da medicina por um período superior a cinco anos, sem qualquer sanção disciplinar; b) a confissão; c) a colaboração do arguido para a descoberta da verdade; d) a reparação espontânea, pelo arguido, dos danos causados pela sua conduta.

São circunstâncias agravantes: a) a premeditação; b) o conluio; c) a reincidência (nos termos do artigo 37º, nº 4, com a distribuição do processo o relator deve ordenar a junção aos autos de extrato do registo disciplinar do arguido); d) a acumulação de infrações; e) a prática de infração disciplinar durante o cumprimento de sanção disciplinar ou de suspensão da respetiva execução; f) a produção de prejuízo de valor igual ou superior a metade da alçada dos Tribunais da Relação; g) a prática de quaisquer atos que visem a obtenção de lucros indevidos ou desproporcionados à custa dos doentes; h) a prática de quaisquer atos que importem prejuízo considerável para terceiros.

A reincidência e a acumulação de infrações não se confundem: existe a primeira quando o arguido, antes de decorrido o prazo de três anos sobre a última condenação, tiver cometido infração disciplinar semelhante; verifica-se uma acumulação de infrações sempre que duas ou mais infrações sejam cometidas simultaneamente ou antes da punição de infração anterior. Sem prejuízo do regime especial das sanções acessórias, pode ser aplicada ao mesmo arguido mais de uma sanção disciplinar: a) por cada infração cometida; b) pelas infrações acumuladas que sejam apreciadas num único processo; c) pelas infrações apreciadas em mais de um processo, quando apensados.

c) O cumprimento da sanção

Permite o artigo 19º do Regulamento que as sanções disciplinares inferiores à suspensão possam ser suspensas por um período compreendido entre três e cinco anos, tendo em consideração o grau de culpa, o comportamento do arguido e as demais circunstâncias da prática da infração. Cessa a suspensão da sanção sempre que, relativamente ao membro punido, seja proferido despacho de condenação em novo processo disciplinar.

As sanções disciplinares iniciam a produção dos seus efeitos no dia seguinte àquele em que a decisão se torne definitiva. Se na data em que a decisão se torna definitiva, estiver suspensa a inscrição do arguido por motivos não disciplinares, o cumprimento da sanção disciplinar de suspensão tem início no dia seguinte ao do levantamento da suspensão.

Compete ao conselho superior dar execução às decisões proferidas em sede de processo disciplinar, designadamente praticando os atos necessários à efetiva suspensão ou ao cancelamento da inscrição dos membros a quem sejam aplicadas as sanções de suspensão e de expulsão respetivamente, sem prejuízo da colaboração dos órgãos executivos. A aplicação de sanção de suspensão ou de expulsão implica a proibição temporária ou definitiva, respetivamente, da prática de qualquer ato profissional e a entrega da cédula profissional na sede da Ordem onde o arguido tenha o seu domicílio profissional. Nos termos do artigo 22º, todas as sanções disciplinares transitadas em julgado são comunicadas ao Conselho Regional onde o médico ou a pessoa coletiva se encontra inscrita para efeitos de averbamento no respetivo processo. Compete aos Conselhos Regionais manter atualizado o registo disciplinar dos médicos e pessoas coletivas nele inscritos, independentemente da instância em que tais decisões tenham sido proferidas. O registo das sanções disciplinares é eliminado uma vez decorridos os prazos de: a) 4 anos após o cumprimento da sanção de advertência; b) 8 anos após o cumprimento da sanção de censura; c) 12 anos após o cumprimento da sanção de suspensão.

A aplicação das sanções de suspensão e de expulsão é comunicada pelo órgão disciplinar competente: a) à sociedade de profissionais ou organização associativa por conta da qual o arguido prestava serviços à data dos factos; b) à autoridade competente do Estado membro da União Europeia ou do Espaço Económico Europeu para o controlo da atividade do arguido estabelecido nesse mesmo Estado membro. É ainda dada publicidade no sítio da Ordem na Internet e em locais considerados idóneos para o cumprimento das finalidades de prevenção geral do sistema jurídico. Se for decidida a suspensão (mesmo que preventiva) ou aplicada sanção de suspensão ou de expulsão, o conselho nacional deve inserir a correspondente anotação nas listas permanentes de membros divulgada por meios informáticos, designadamente no Sistema de Informação do Mercado Interno e junto das ordens e instituições congéneres da Comunidade Médica de Língua Portuguesa.

d) Reação contra a aplicação de uma sanção disciplinar
i) O recurso para o Conselho Superior

Das decisões tomadas em matéria disciplinar pelos conselhos disciplinares regionais cabe recurso para o conselho superior, nos termos do artigo 63º, nº 1, alínea c) do EOM, e do artigo 60º do Regulamento Disciplinar. O prazo para a interposição dos recursos é de quinze dias a contar da notificação da decisão final, ou de trinta dias a contar da afixação do edital. Estes recursos têm efeito suspensivo e podem ser interpostos pelo arguido, pelos interessados e pelos órgãos da Ordem que tenham apresentado a respetiva participação disciplinar.

Determina o artigo 64º que o requerimento de interposição do recurso é sempre motivado, mediante alegações escritas, sob pena de não admissão do mesmo, sendo, para tanto, facultada ao recorrente a consulta prévia do processo. Com a motivação, que deve enunciar especificamente os fundamentos do recurso e terminar com a formulação de conclusões, pode o recorrente requerer a junção dos documentos que entenda convenientes, desde que os mesmos não pudessem ter sido apresentados até à decisão final objeto do recurso. Admitido o recurso, é notificado o interessado ou o órgão participante para responder no prazo de 15 dias, sendo-lhe facultada a consulta do processo.

Julgado definitivamente em recurso, o processo baixa ao conselho disciplinar competente, para agir em conformidade com a decisão proferida.

ii) O recurso para os tribunais

Da decisão do Conselho Superior condenatória, quer nos processos disciplinares em que sejam arguidos o bastonário e os membros do conselho superior ou do conselho nacional, quer nos casos em que decida do recurso interposto das decisões proferidas pelos conselhos disciplinares regionais, cabe recurso para os tribunais judiciais, nos termos do artigo 4º do Estatuto dos Tribunais Administrativos e Fiscais. Iniciar-se-á assim um processo judicial, que pode levar à confirmação ou não da decisão disciplinar aplicada pela Ordem dos Médicos.

6. Conclusão

A deontologia médica deve informar toda a prática diária da medicina, impondo aos profissionais um conjunto de deveres e obrigações. A Ordem dos Médicos plasmou e concretizou esses deveres num código deontológico, a que todos aqueles que exercem medicina devem respeito. A violação desses deveres consubstancia uma infração disciplinar e pode conduzir à aplicação de uma sanção. No texto que apresentámos, descrevemos a forma como se desenrola o processo disciplinar, quanto às suas fases e regras fundamentais, e como se determina a aplicação de uma sanção disciplinar. Em particular, analisámos os vários tipos de sanções disciplinares, a sua determinação, a forma de cumprimento e a possibilidade de as impugnar.

Legislação Relevante

Estatuto da Ordem dos Médicos

Aprovado pelo Decreto-Lei nº 282/77, de 5 de julho, alterado pelo Decreto-Lei nº 217/94, de 20 de agosto, e pela Lei nº 117/2015, de 31 de agosto (que o republicou)

Artigo 1º – Natureza jurídica

1 – A Ordem dos Médicos, adiante abreviadamente designada por Ordem, é a associação pública profissional representativa dos que, em conformidade com os preceitos do presente Estatuto e as disposições legais aplicáveis, exercem a profissão de médico.

2 – Os profissionais inscritos na Ordem denominam-se médicos.

3 – A Ordem é uma pessoa coletiva de direito público, que se rege pela respetiva lei de criação, pela Lei nº 2/2013, de 10 de janeiro, e pelo disposto no presente Estatuto.

Artigo 2º – Sede e âmbito de atuação

1 – A Ordem tem âmbito nacional e sede em Lisboa e está estruturada nas regiões do Norte, do Centro e do Sul, as quais têm sede, respetivamente, no Porto, em Coimbra e em Lisboa.

2 – A Ordem está, ainda, estruturada nas sub-regiões de Braga, Bragança, Porto, Viana do Castelo, Vila Real, Aveiro, Castelo Branco, Coimbra, Guarda, Leiria, Viseu, Beja, Évora, Faro, Lisboa, Oeste, Portalegre, Ribatejo, Setúbal e nos conselhos médicos das Regiões Autónomas dos Açores e da Madeira.

3 – A cada uma das regiões correspondem as seguintes áreas geográficas:

a) Norte:

i) Sub-região de Braga, que inclui os concelhos de Amares, Barcelos, Braga, Cabeceiras de Basto, Celorico de Basto, Esposende, Fafe, Guimarães, Póvoa de Lanhoso, Terras de Bouro, Vieira do Minho, Vila Nova de Famalicão, Vila Verde e Vizela;
ii) Sub-região de Bragança, que inclui os concelhos de Alfandega da Fé, Bragança, Carrazeda de Ansiães, Freixo de Espada à Cinta, Macedo de Cavaleiros, Miranda do Douro, Mirandela, Mogadouro, Moncorvo, Vila Flor, Vimioso e Vinhais;
iii) Sub-região do Porto, que inclui os concelhos de Amarante, Arouca, Baião, Castelo de Paiva, Espinho, Felgueiras, Gondomar, Lousada, Maia, Marco de Canavezes, Matosinhos, Paços de Ferreira, Paredes, Penafiel, Porto, Póvoa do Varzim, Santa Maria da Feira, Santo Tirso, Trofa, Valongo, Vila do Conde e Vila Nova de Gaia;
iv) Sub-região de Viana do Castelo, que inclui os concelhos de Arcos de Valdevez, Caminha, Melgaço, Monção, Paredes de Coura, Ponte da Barca, Ponte de Lima, Valença, Viana do Castelo e Vila Nova de Cerveira;
v) Sub-região de Vila Real, que inclui os concelhos de Alijó, Armamar, Boticas, Chaves, Cinfães, Lamego, Mesão Frio, Mondim de Basto, Montalegre, Murça, Peso da Régua, Resende, Ribeira de Pena, Sabrosa, Santa Marta de Penaguião, São João da Pesqueira, Tabuaço, Valpaços, Vila Pouca de Aguiar e Vila Real;

b) Centro:

i) Sub-região de Aveiro, que inclui os concelhos de Águeda, Albergaria-a-Velha, Anadia, Aveiro, Estarreja, Ílhavo, Mealhada, Murtosa, Oliveira de Azeméis, Oliveira do Bairro, Ovar, São João da Madeira, Sever do Vouga, Vagos e Vale de Cambra;
ii) Sub-região de Castelo Branco, que inclui os concelhos de Belmonte, Castelo Branco, Covilhã, Fundão, Idanha-a-Nova, Oleiros, Penamacor, Proença-a-Nova, Sertã, Vila de Rei e Vila Velha de Ródão;
iii) Sub-região de Coimbra, que inclui os concelhos de Arganil, Cantanhede, Coimbra, Condeixa-a-Nova, Figueira da Foz, Góis, Lousã, Mira, Miranda do Corvo, Montemor-o-Velho, Oliveira do Hospital, Pampilhosa da Serra, Penacova, Penela, Soure, Tábua e Vila Nova de Poiares;
iv) Sub-região da Guarda, que inclui os concelhos de Aguiar da Beira, Almeida, Celorico da Beira, Figueira de Castelo Rodrigo, Fornos

de Algodres, Gouveia, Guarda, Manteigas, Meda, Pinhel, Sabugal, Seia, Trancoso e Vila Nova de Foz Côa;

v) Sub-região de Leiria, que inclui os concelhos de Alcobaça, Alvaiázere, Ansião, Batalha, Castanheira de Pera, Figueiró dos Vinhos, Leiria, Marinha Grande, Nazaré, Pedrógão Grande, Pombal e Porto de Mós;

vi) Sub-região de Viseu, que inclui os concelhos de Carregal do Sal, Castro Daire, Mangualde, Moimenta da Beira, Mortágua, Nelas, Oliveira de Frades, Penalva do Castelo, Penedono, Santa Comba Dão, S. Pedro do Sul, Sátão, Sernancelhe, Tarouca, Tondela, Vila Nova de Paiva, Viseu e Vouzela;

c) Sul:

i) Sub-região de Beja, que inclui os concelhos de Aljustrel, Almodôvar, Alvito, Barrancos, Beja, Castro Verde, Cuba, Ferreira do Alentejo, Mértola, Moura, Odemira, Ourique, Serpa e Vidigueira;

ii) Sub-região de Évora (Alandroal, Arraiolos, Borba, Estremoz, Évora, Montemor-o-Novo, Mora, Mourão, Portel, Redondo, Reguengos de Monsaraz, Vendas Novas, Viana do Alentejo e Vila Viçosa);

iii) Sub-região de Faro (Albufeira, Alcoutim, Aljezur, Castro Marim, Faro, Lagoa, Lagos, Loulé, Monchique, Olhão, Portimão, São Brás de Alportel, Silves, Tavira, Vila do Bispo e Vila Real de Santo António);

iv) Sub-região de Lisboa Cidade (Lisboa);

v) Sub-região da Grande Lisboa (Alenquer, Amadora, Arruda dos Vinhos, Azambuja, Cascais, Loures, Mafra, Odivelas, Oeiras e Sintra);

vi) Sub-região do Oeste (Bombarral, Cadaval, Caldas da Rainha, Lourinhã, Óbidos, Peniche, Sobral de Monte Agraço e Torres Vedras);

vii) Sub-região de Portalegre (Alter do Chão, Arronches, Avis, Campo Maior, Castelo de Vide, Crato, Elvas, Fronteira, Gavião, Marvão, Monforte, Nisa, Ponte de Sor, Portalegre e Sousel);

viii) Sub-região do Ribatejo (Abrantes, Alcanena, Almeirim, Alpiarça, Benavente, Cartaxo, Chamusca, Constância, Coruche, Entroncamento, Ferreira do Zêzere, Golegã, Mação, Ourém, Rio Maior, Salvaterra de Magos, Santarém, Sardoal, Tomar, Torres Novas, Vila Franca de Xira e Vila Nova da Barquinha);

ix) Sub-região de Setúbal (Alcácer do Sal, Alcochete, Almada, Barreiro, Grândola, Moita, Montijo, Palmela, Santiago do Cacém, Seixal, Sesimbra, Setúbal e Sines);

x) Regiões Autónomas dos Açores e da Madeira.

4 – As estruturas regionais asseguram a prossecução das atribuições da Ordem na respetiva área territorial, nos termos do presente Estatuto.

5 – Têm validade nacional:

a) Os atos administrativos praticados pelas estruturas regionais e sub-regionais;

b) As formalidades de controlo praticadas pelos profissionais, pelas sociedades de profissionais ou por outras organizações associativas de profissionais a prestar serviços em território nacional, perante estruturas regionais e sub-regionais.

Artigo 3º – Atribuições

1 – São atribuições da Ordem:

a) Regular o acesso e o exercício da profissão de médico;

b) Contribuir para a defesa da saúde dos cidadãos e dos direitos dos doentes;

c) Representar e defender os interesses gerais da profissão;

d) Conceder o título profissional e os títulos de especialização profissional;

e) Atribuir prémios ou títulos honoríficos;

f) Elaborar e atualizar o registo profissional;

g) Exercer o poder disciplinar sobre os médicos, nos termos do presente Estatuto;

h) Prestar serviços aos médicos, no que respeita ao exercício profissional, designadamente em relação à informação e à formação profissional;

i) Colaborar com as demais entidades da Administração Pública nas questões de interesse público relacionadas com a profissão médica;

j) Participar na elaboração da legislação que diga respeito ao acesso e exercício da profissão médica;

k) Participar nos processos oficiais de acreditação e na avaliação dos cursos que dão acesso à profissão médica;

l) Reconhecer as qualificações profissionais obtidas fora do território nacional, nos termos da lei, do direito da União Europeia ou de convenção internacional;

m) Organizar eventos de caráter científico, cultural e recreativo;

n) Atribuir prestações de solidariedade aos médicos carenciados, através do Fundo de Solidariedade;

o) Prosseguir quaisquer outras que lhe sejam cometidas por lei.

2 – A Ordem está impedida de exercer ou de participar em atividades de natureza sindical ou que se relacionem com a regulação das relações económicas ou profissionais dos seus membros.

Artigo 4º – Autonomia administrativa

1 – A Ordem, no exercício dos seus poderes públicos, pratica os atos administrativos necessários à prossecução das suas atribuições e aprova os regulamentos previstos na lei e no presente Estatuto.

2 – Ressalvados os casos previstos na lei, os atos e os regulamentos da Ordem não estão sujeitos a aprovação governamental.

Artigo 5º – Autonomia patrimonial e financeira

1 – A Ordem dispõe de património e finanças próprios, bem como de autonomia orçamental.

2 – A autonomia financeira inclui o poder de fixar o montante:

a) Da quota mensal ou anual dos seus membros;

b) Das taxas pelos serviços prestados, de acordo com critérios de proporcionalidade.

Artigo 6º – Princípio da especialidade

1 – A capacidade jurídica da Ordem abrange a prática de todos os atos jurídicos, o gozo de todos os direitos e a sujeição a todas as obrigações necessárias à prossecução dos respetivos fins e atribuições.

2 – A Ordem não desenvolve atividades nem usa os seus poderes fora das suas atribuições, nem dedica os seus recursos a fins diversos dos que lhe estão cometidos pelo presente Estatuto.

Artigo 7º – Princípio da transparência

Sem prejuízo da informação prevista no artigo 23º da Lei nº 2/2013, de 10 de janeiro, no nº 3 do artigo 6º do Decreto-Lei nº 92/2010, de 26 de julho, e no nº 4 do artigo 19º da Diretiva nº 2000/31/CE, do Parlamento Europeu e do Conselho, de 8 de junho de 2000, relativa a certos aspetos legais dos serviços da sociedade de informação, em especial do comércio eletrónico, no mercado interno, a Ordem deve disponibilizar ao público em geral, através do seu sítio eletrónico na Internet, as seguintes informações:

a) O regime de acesso e exercício da profissão;

b) Os princípios, as regras deontológicas e as normas técnicas aplicáveis aos seus membros;

c) O procedimento de apresentação de queixa ou reclamações pelos destinatários relativamente aos serviços prestados pelos profissionais no âmbito da sua atividade;

d) As ofertas de emprego na Ordem;

e) O registo atualizado dos membros do qual consta:

i) O nome, o domicílio profissional e o número de carteira ou cédula profissionais;

ii) A designação do título e das especialidades profissionais;

iii) A situação de suspensão ou interdição temporária do exercício da atividade, se for caso disso;

f) Registo atualizado dos profissionais em livre prestação de serviços no território nacional, que se consideram inscritos nos termos do nº 2 do artigo 4º da Lei nº 9/2009, de 4 de março, alterada pelas Leis nºs 41/2012, de 28 de agosto, e 25/2014, de 2 de maio, que contemple:

i) O nome e o domicílio profissionais e, caso exista, a designação do título profissional de origem e das respetivas especialidades;

ii) A identificação da associação pública profissional no Estado membro de origem, na qual o profissional se encontre inscrito;

iii) A situação de suspensão ou interdição temporária do exercício da atividade, se for caso disso;

iv) A informação relativa às sociedades de profissionais ou outras formas de organização associativa de profissionais para que prestem serviços no Estado membro de origem, caso aqui prestem serviços nessa qualidade;

g) Registo atualizado das licenças para a realização de estágios de formação profissional concedidas, que contemple o nome do interessado e o local de realização do estágio.

Artigo 8º – Princípio da cooperação com outras entidades

1 – A Ordem pode constituir ou participar em associações de direito privado e cooperar com entidades afins, nacionais ou estrangeiras, especialmente no âmbito da União Europeia, do Espaço Económico Europeu e da Comunidade dos Países de Língua Portuguesa.

2 – Para melhor prossecução das suas atribuições, a Ordem pode estabelecer acordos de cooperação com outras entidades públicas ou privadas,

nacionais ou estrangeiras, ressalvadas as entidades de natureza sindical ou política.

3 – A Ordem presta e solicita às autoridades administrativas dos outros Estados membros e à Comissão Europeia assistência mútua e toma as medidas necessárias para cooperar eficazmente, nomeadamente através do Sistema de Informação do Mercado Interno, no âmbito dos procedimentos relativos a prestadores de serviços já estabelecidos em outro Estado membro, nos termos do capítulo VI do Decreto-Lei nº 92/2010, de 26 de julho, do nº 2 do artigo 51º da Lei nº 9/2009, de 4 de março, alterada pelas Leis nºs 41/2012, de 28 de agosto, e 25/2014, de 2 de maio, e dos nºs 2 e 3 do artigo 19º da Diretiva nº 2000/31/CE, do Parlamento Europeu e do Conselho, de 8 de junho de 2000, relativa a certos aspetos legais dos serviços da sociedade de informação, em especial do comércio eletrónico.

4 – Em matéria de reconhecimento das qualificações profissionais, a Ordem exerce as competências previstas no nº 9 do artigo 47º e no nº 2 do artigo 51º da Lei nº 9/2009, de 4 de março, alterada pelas Leis nºs 41/2012, de 28 de agosto, e 25/2014, de 2 de maio, de acordo com a lei.

Artigo 9º – Poder regulamentar

1 – Os regulamentos da Ordem aplicam-se a todos os seus membros.

2 – A elaboração dos regulamentos segue com as devidas adaptações o regime previsto no Código do Procedimento Administrativo, incluindo o disposto quanto à consulta pública e à participação dos interessados.

3 – Os regulamentos da Ordem com eficácia externa são publicados na 2ª série do Diário da República, sem prejuízo da sua publicação na revista nacional da Ordem ou no seu sítio eletrónico.

Artigo 10º – Órgãos

1 – A Ordem dispõe de órgãos próprios e a sua organização interna está sujeita ao princípio da separação de poderes.

2 – São órgãos de competência genérica da Ordem:

a) A nível sub-regional, a assembleia sub-regional e o conselho sub-regional;

b) A nível das Regiões Autónomas dos Açores e da Madeira, a assembleia regional das Regiões Autónomas dos Açores e da Madeira, o conselho médico das Regiões Autónomas dos Açores e da Madeira e o conselho fiscal das Regiões Autónomas dos Açores e da Madeira;

c) A nível regional, a assembleia regional, o conselho regional e o conselho fiscal regional;

d) A nível nacional, a assembleia de representantes, o conselho nacional, o bastonário, o conselho superior e o conselho fiscal nacional.

3 – São órgãos de competência disciplinar:

a) Os conselhos disciplinares regionais;

b) O conselho superior.

4 – São órgãos técnicos consultivos, os colégios.

5 – São órgãos consultivos de competência específica:

a) O conselho nacional de ética e deontologia médica;

b) O conselho nacional de ensino e educação;

c) O conselho nacional para a formação profissional contínua;

d) O conselho nacional para o serviço nacional de saúde/carreiras médicas;

e) O conselho nacional de exercício da medicina privada e convencionada;

f) O conselho nacional da solidariedade social;

g) O conselho nacional de prevenção do erro médico e eventos adversos graves;

h) O conselho nacional para atribuição de patrocínio científico;

i) O conselho nacional da pós-graduação;

j) O conselho nacional da política do medicamento;

k) O conselho nacional dos cuidados continuados;

l) O conselho nacional para as tecnologias de informática na saúde;

m) O conselho nacional para a auditoria e qualidade;

n) O conselho nacional de ecologia e promoção da saúde;

o) O conselho nacional do médico interno.

Artigo 11º – Hierarquia protocolar

A hierarquia protocolar dos titulares dos órgãos da Ordem é a seguinte:

a) Bastonário da Ordem;

b) Presidente da assembleia de representantes;

c) Presidente do conselho superior;

d) Presidentes dos conselhos regionais;

e) Presidentes dos conselhos disciplinares regionais;

f) Presidentes dos conselhos das sub-regiões e dos conselhos médicos dos Açores e da Madeira;

g) Restantes membros dos órgãos eleitos da Ordem.

Artigo 12º – Duração dos mandatos

O mandato dos órgãos eleitos é de três anos, podendo ser reeleitos por uma vez, não podendo ser efetuados mais de dois mandatos consecutivos no mesmo cargo ou no mesmo órgão.

Artigo 13º – Direito de voto

A eleição dos membros dos órgãos é realizada por votação em escrutínio universal, secreto, direto e periódico, em assembleia convocada para o efeito.

Artigo 14º – Eleições

As eleições são regidas pelo regulamento eleitoral, aprovado pelo conselho geral, com respeito pelo disposto no presente Estatuto.

Artigo 15º – Apresentação de candidaturas

1 – A eleição dos órgãos é feita por listas, salvo disposição expressa em contrário, as quais devem indicar os candidatos efetivos e conter um número de suplentes na proporção de 20% dos membros efetivos.

2 – Cada lista deve ser proposta por um mínimo de 150 médicos ou, em alternativa, 10% dos médicos inscritos na área, no gozo de todos os seus direitos estatutários.

3 – Devem ser asseguradas iguais oportunidades a todas as listas concorrentes, e constituir-se, para fiscalizar a eleição, uma comissão eleitoral, que integra a mesa da assembleia respetiva e um delegado de cada uma das listas.

4 – Com as candidaturas devem ser apresentados os programas de ação dos candidatos.

Artigo 16º – Elegibilidade

1 – Qualquer médico, membro efetivo da Ordem, com a inscrição em vigor e no pleno exercício dos seus direitos, pode votar e ser eleito para os órgãos desta.

2 – Para ser elegível para bastonário deve ter, pelo menos, cinco anos de inscrição na Ordem.

Artigo 17º – Incompatibilidades no exercício de funções

1 – O exercício das funções executivas, disciplinares e de fiscalização em órgãos da Ordem é incompatível entre si.

2 – É igualmente incompatível o exercício, em simultâneo, de dois ou mais cargos cuja eleição seja direta.

3 – O cargo de titular de órgão da Ordem é incompatível com o exercício de quaisquer funções dirigentes superiores públicas ou privadas, com cargo dirigente de estruturas sindicais ou com qualquer outra função com a qual se verifique um manifesto conflito de interesses.

4 – As situações de manifesto conflito de interesses referidas no número anterior são apreciadas e deliberadas pelo conselho superior, mediante requerimento de qualquer médico.

5 – A regra prevista nos nºs 2 e 3 não se aplica aos órgãos técnicos e consultivos da Ordem, desde que não se verifique qualquer conflito de interesses entre a titularidade de membro do órgão e a do parecer a emitir pelos referidos órgãos técnicos e consultivos, caso em que o médico tem que requerer escusa.

Artigo 18º – Destituição dos membros dos órgãos

1 – O mandato dos órgãos pode cessar por decisão das respetivas assembleias, desde que convocadas expressamente para apreciação da atuação dos mesmos e quando o número total de votantes seja superior a 20% dos médicos inscritos na respetiva área.

2 – O bastonário pode ser destituído por uma maioria de três quartos dos membros efetivos da assembleia de representantes.

3 – A assembleia que destituir a totalidade ou a maioria dos membros de algum dos órgãos da Ordem deve eleger uma comissão provisória que transitoriamente os substitua até às eleições, as quais devem ser realizadas no prazo máximo de 90 dias.

4 – O mandato dos órgãos eleitos nas condições previstas no número anterior cessa no fim do termo normal dos órgãos substituídos.

Artigo 19º – Remuneração

Os cargos executivos permanentes podem ser remunerados de acordo com o regulamento geral da Ordem, a aprovar pela assembleia de representantes.

Artigo 19º-A – Condições de exercício dos membros dos órgãos da Ordem

1 – Os membros dos órgãos da Ordem que sejam trabalhadores por conta de outrem têm direito, para o exercício das suas funções no âmbito dos cargos para que foram eleitos, a:

a) Licença sem vencimento, com a duração máxima do respetivo mandato, a atribuir nos termos da legislação laboral;

b) Um crédito de horas correspondente a 24 dias de trabalho por ano, que podem utilizar em períodos de meio-dia, que contam, para todos os efeitos legais, como serviço efetivo.

2 – Os membros dos órgãos não executivos da Ordem usufruem do direito a 24 faltas justificadas, que contam para todos os efeitos legais como serviço efetivo, salvo quanto à remuneração ou retribuição.

3 – A Ordem comunica, por meios idóneos e seguros, incluindo o correio eletrónico, às entidades empregadoras das quais dependam os membros dos seus órgãos, as datas e o número de dias de que estes necessitam para o exercício das respetivas funções.

4 – A comunicação prevista no número anterior é feita com uma antecedência mínima de cinco dias, ou, em caso de reuniões ou atividades de natureza extraordinária dos órgãos da Ordem, logo que as mesmas sejam convocadas.

Artigo 20º – Da assembleia sub-regional

1 – A assembleia sub-regional é constituída por todos os médicos da sub-região, no gozo dos respetivos direitos estatutários.

2 – Cada médico só pode pertencer a uma sub-região.

Artigo 21º – Mesa da assembleia sub-regional

1 – A mesa da assembleia sub-regional é constituída por um presidente, por um secretário e por um vice-presidente, que substitui o presidente nas suas ausências e impedimentos.

2 – A mesa da assembleia sub-regional é eleita por maioria simples.

Artigo 22º – Competência da assembleia sub-regional

Compete à assembleia sub-regional:

a) Eleger os membros da respetiva mesa da assembleia sub-regional;

b) Eleger os membros do conselho sub-regional;

c) Apreciar todos os assuntos da Ordem a nível da sub-região e participar nos estudos de âmbito regional e nacional;

d) Apreciar a atividade e os relatórios do conselho sub-regional;

e) Aprovar o seu regimento.

Artigo 23º – Funcionamento da assembleia sub-regional

1 – A assembleia sub-regional reúne, ordinariamente de três em três anos, para eleger a mesa da assembleia da sub-região e os membros do conselho médico e, pelo menos, uma vez por ano, para apreciar a atividade exercida ou a exercer pelo conselho médico.

2 – A assembleia sub-regional reúne, extraordinariamente, sempre que convocada pelo seu presidente, quando 10% dos médicos inscritos na respetiva sub-região o requeiram, ou a pedido do presidente do conselho regional da respetiva área.

3 – A convocação da assembleia sub-regional é feita pelo presidente da mesa ou, em caso de impedimento, pelo vice-presidente, através do sítio eletrónico da Ordem, através de aviso convocatório dirigido aos membros e publicado em jornal diário da região, com a antecedência mínima de 15 dias, devendo a convocatória indicar o dia, a hora e o local da reunião, bem como a ordem dos trabalhos.

Artigo 24º – Do conselho sub-regional

1 – O conselho sub-regional é constituído por cinco membros, um dos quais exerce as funções de presidente, outro de vice-presidente e outro ainda de secretário.

2 – O conselho sub-regional é eleito por maioria simples, devendo cada lista concorrente identificar o candidato a presidente, a vice-presidente e a secretário do conselho sub-regional.

3 – As listas concorrentes à eleição para conselho sub-regional devem incluir dois suplentes.

Artigo 25º – Competências do conselho sub-regional

Compete ao conselho sub-regional:

a) Dinamizar os médicos na sua área geográfica de atuação, de acordo com as características locais e as resoluções das assembleias sub-regionais e regional e das deliberações dos conselhos regional, nacional e geral;

b) Velar pelo cumprimento dos preceitos deontológicos, fazer aplicar as normas recebidas e sugerir normas a executar;

c) Dar sequência ao programa de solidariedade social aprovado;

d) Exercer as demais competências que lhe sejam delegadas pelos conselhos regionais.

Artigo 26º – Conselhos médicos das Regiões Autónomas dos Açores e da Madeira

1 – Os conselhos médicos das Regiões Autónomas dos Açores e da Madeira exercem competências administrativas, tendo em consideração os interesses próprios da Ordem nas respetivas regiões autónomas e o correspondente quadro normativo.

2 – Os conselhos médicos das Regiões Autónomas dos Açores e da Madeira são compostos por cinco membros, de entre os quais um presidente, um vice-presidente, um secretário e um tesoureiro.

3 – Os conselhos médicos das Regiões Autónomas dos Açores e da Madeira procedem à cobrança das quotas e das taxas dos médicos inscritos nas respetivas áreas.

4 – Aos conselhos médicos das Regiões Autónomas dos Açores e da Madeira aplicam-se, em tudo que for compatível, as disposições relativas aos conselhos sub-regionais, com as devidas adaptações.

5 – Para efeitos disciplinares, os factos praticados na área de intervenção dos conselhos médicos das Regiões Autónomas dos Açores e da Madeira estão sujeitos à jurisdição do conselho disciplinar regional do sul.

Artigo 27º – Orçamento das regiões autónomas

Os conselhos médicos das regiões autónomas elaboram e aprovam os orçamentos das respetivas regiões até ao dia 15 de novembro de cada ano e submetem-no ao conselho nacional, assim como elaboram e aprovam os relatórios e contas que igualmente submetem ao conselho nacional.

Artigo 28º – Conselho fiscal das regiões autónomas

1 – O conselho fiscal das regiões autónomas é composto por três membros, sendo um deles o presidente.

2 – O conselho fiscal regional das regiões autónomas é eleito em listas, por maioria simples, de entre os médicos inscritos na respetiva região.

3 – No exercício das suas funções, o conselho fiscal regional da região autónoma pode recorrer ao apoio técnico dos revisores oficiais de contas.

4 – O presidente do conselho fiscal regional das regiões autónomas pode assistir e ser convocado para as reuniões do conselho médico das regiões autónomas.

Artigo 29º – Da assembleia regional

A assembleia regional é constituída por todos os médicos inscritos na secção regional da respetiva área, nos termos do nº 3 do artigo 2º, no pleno gozo dos seus direitos.

Artigo 30º – Mesa da assembleia regional

1 – A mesa da assembleia regional é constituída por um presidente, por dois secretários e por um vice-presidente, que substitui o presidente nas suas ausências e impedimentos.

2 – A mesa da assembleia regional é eleita por maioria simples.

Artigo 31º – Competências da assembleia regional

1 – Compete à assembleia regional:

a) Pronunciar-se sobre todos os assuntos que interessem aos médicos, desde que constem da respetiva ordem de trabalhos;

b) Debater as alterações ao presente Estatuto, quando expressamente convocada para o efeito;

c) Eleger a mesa da assembleia regional e os membros do conselho regional, do conselho disciplinar regional e do conselho fiscal regional;

d) Promover, em caso de destituição, a substituição dos membros da mesa da assembleia regional, do conselho regional, do conselho disciplinar regional e do conselho fiscal regional;

e) Aprovar o relatório de atividades e contas do conselho regional;

f) Apreciar e deliberar sobre o plano de atividades e orçamento regional proposto pelo conselho regional.

2 – A assembleia regional tem poder deliberativo e vinculativo sobre matéria respeitante à área respetiva, sem prejuízo de poder apreciar e deliberar sobre matéria de âmbito nacional, que deve ser apresentada aos demais órgãos regionais ou nacionais da Ordem.

Artigo 32º – Reuniões ordinárias

A assembleia regional reúne, ordinariamente, de três em três anos, para eleger a mesa da assembleia regional, os membros eleitos do conselho regional, o conselho disciplinar regional e o conselho fiscal regional e, pelo menos, uma vez por ano, para apreciar e deliberar sobre a atividade exercida ou a exercer pelo conselho regional, incluindo aprovação do relatório de atividades e contas, plano de atividades e orçamento regionais.

Artigo 33º – Convocação da assembleia regional

1 – A convocação da assembleia regional é feita pelo presidente da respetiva mesa ou, em caso de impedimento, pelo vice-presidente, através de aviso dirigido aos membros, publicado em jornal diário da região, e através do sítio eletrónico da Ordem e, por correio eletrónico, com a antecedência mínima de 15 dias, devendo a convocatória indicar o dia, a hora e local da reunião, bem como a Ordem de trabalhos.

2 – A assembleia regional reúne, extraordinariamente, sempre que convocada pelo seu presidente, quando 10% dos médicos inscritos na respetiva região o requeiram ou a pedido do presidente do conselho regional da respetiva área.

Artigo 34º – Quórum de deliberação

1 – Nas reuniões ordinárias, a assembleia regional delibera por maioria simples dos membros presentes.

2 – Nas reuniões extraordinárias da assembleia regional as deliberações são vinculativas quando nelas participa um número de votantes superior a 10% dos médicos inscritos.

3 – Só são válidas as deliberações sobre os assuntos constantes da ordem de trabalhos.

Artigo 35º – Do conselho regional

1 – O conselho regional é constituído por 11 membros, eleitos em lista por cada uma das regiões definidas nos termos do nº 3 do artigo 2º.

2 – Os membros eleitos são eleitos por lista que identifica o candidato a presidente, a vice-presidente, a secretário e a tesoureiro, os vogais e os três suplentes.

3 – O conselho regional é eleito em listas, por maioria simples de entre os médicos inscritos na respetiva região, podendo as assembleias de voto funcionar a nível sub-regional.

4 – Podem participar nas reuniões dos conselhos regionais, por sua iniciativa ou a convite dos respetivos presidentes, os presidentes dos conselhos sub-regionais, quando estejam em causa interesses da respetiva sub-região.

5 – Os presidentes dos conselhos sub-regionais que participem nas reuniões, nos termos do número anterior, têm direito a conhecer as ordens de trabalho dos conselhos regionais e nelas fazer incluir assuntos.

Artigo 36º – Comissões consultivas do conselho regional

O conselho regional pode constituir comissões consultivas encarregues de assuntos específicos cujas competências se confinam ao nível da respetiva região e que são constituídas por um número variável e ímpar de membros.

Artigo 37º – Reuniões do conselho regional

O conselho regional reúne, no mínimo, uma vez de 15 em 15 dias, e as suas deliberações são tomadas por maioria simples de votos de todos os seus membros, tendo o seu presidente voto de qualidade.

Artigo 38º – Competência do conselho regional

1 – Compete ao conselho regional:

a) Designar os seus representantes nos conselhos nacionais consultivos;

b) Nomear as comissões regionais consultivas;

c) Divulgar e dar execução às diretrizes e decisões emanadas pelos órgãos nacionais;

d) Admitir ou recusar, fundamentadamente, os pedidos de inscrição dos médicos e os pedidos de concessão de licença para a realização de estágios profissionais;

e) Dirigir e coordenar a atividade da Ordem a nível regional, de acordo com os princípios definidos no presente Estatuto;

f) Elaborar e apresentar anualmente à assembleia regional o relatório de atividades e contas, o plano de atividades e os orçamentos regionais;

g) Administrar os bens e gerir os fundos da Ordem, a nível regional;

h) Cobrar as quotas dos membros inscritos na respetiva região e as taxas e emolumentos pelos serviços prestados no âmbito regional;

i) Elaborar o inventário dos bens da Ordem, a nível regional;

j) Requerer ao presidente da assembleia regional a convocação de assembleias extraordinárias, sempre que o julgue conveniente;

k) Submeter à apreciação da assembleia regional os assuntos sobre os quais ela deve pronunciar-se;

l) Proceder ao registo dos quadros, geral e especial, dos médicos da região, bem como dos prestadores de serviços e daqueles a quem seja concedida licença para a realização de estágios profissionais;

m) Elaborar os regulamentos internos necessários à boa organização da Ordem a nível regional;

n) Requerer a convocação da assembleia de representantes;

o) Contratar, por período não superior ao seu mandato, serviços de consultadoria, nomeadamente, jurídica, económica e de comunicação;

p) Designar os médicos para acompanhar diligências judiciais, nomeadamente mandatos de busca a consultórios ou instalações de médicos;

q) Delegar competências nos conselhos sub-regionais e nos conselhos médicos das regiões autónomas;

r) A prestação de serviços de refeição, alojamento e acolhimento a médicos.

2 – No âmbito das suas competências, o conselho regional tem poder vinculativo, sem prejuízo de apreciar e deliberar sobre matéria de âmbito nacional.

Artigo 39º – Composição do conselho fiscal regional

1 – O conselho fiscal regional é composto por três membros, sendo um deles o presidente.

2 – O conselho fiscal regional é eleito em listas, por maioria simples, de entre os médicos inscritos na respetiva região, podendo as assembleias de voto funcionar a nível sub-regional.

3 – No exercício das suas funções, o conselho fiscal regional pode recorrer ao apoio técnico do técnico oficial de contas ou dos funcionários da contabilidade da respetiva região.

4 – O presidente do conselho fiscal regional pode ser convocado e assistir às reuniões do conselho regional.

Artigo 40º – Competências do conselho fiscal regional

Compete ao conselho fiscal regional:

a) Examinar, pelo menos, trimestralmente, a contabilidade do conselho regional;

b) Dar parecer sobre o relatório de atividades e contas apresentados pelo conselho regional, bem como sobre o plano de atividades e o orçamento;

c) Apresentar ao conselho regional as sugestões que entender de interesse para a vida da Ordem.

Artigo 41º – Do bastonário

1 – O bastonário é eleito por voto secreto, em sufrágio direto e universal, de entre todos os médicos inscritos na Ordem.

2 – As candidaturas são subscritas por um mínimo de 500 médicos, representativas de todas as regiões e apresentadas ao presidente da assembleia de representantes, acompanhadas do curriculum vitae e de termo individual de aceitação da candidatura, até 60 dias antes do dia designado para a eleição.

Artigo 42º – Eleições

1 – É eleito bastonário o candidato que obtiver mais de metade dos votos validamente expressos, não se considerando como tal os votos em branco.

2 – Se nenhum dos candidatos obtiver o número de votos, previsto no número anterior, procede-se a segundo sufrágio, ao qual apenas concorrem os dois candidatos mais votados, que não tenham retirado a candidatura, sendo eleito o candidato que obtiver a maioria dos votos validamente expressos.

Artigo 43º – Processo eleitoral do bastonário

1 – O processo eleitoral do bastonário é coordenado pelo conselho eleitoral nacional, que é constituído pelo presidente da assembleia de representantes em exercício e pelos presidentes dos conselhos regionais, ou pelos seus substitutos legais, e por um representante de cada candidato.

2 – Se algum dos presidentes dos conselhos regionais ou o presidente da assembleia de representantes forem candidatos a bastonário, são os mesmos substituídos, no conselho eleitoral nacional, pelo respetivo vice-presidente.

3 – Para a eleição do bastonário há tantas mesas de assembleias de voto quantas as sub-regiões.

Artigo 44º – Competências do bastonário

Compete ao bastonário:

a) Convocar e presidir ao conselho nacional, dispondo de voto de qualidade;

b) Propor à assembleia de representantes dois membros para o conselho nacional;

c) Exercer a função de representação nacional e internacional da Ordem;

d) Exercer as demais funções que lhe sejam atribuídas pelo conselho nacional;

e) Delegar as suas competências.

Artigo 45º – Substituição do bastonário

O bastonário é substituído, nas suas ausências e impedimentos, por um dos presidentes dos conselhos regionais, designado pelo conselho nacional.

Artigo 46º – Impedimento permanente do bastonário

O impedimento permanente do bastonário determina nova eleição nos 90 dias subsequentes, cessando o presidente eleito as suas funções no fim do termo do mandato do substituído.

Artigo 47º – Composição da assembleia de representantes

1 – A assembleia de representantes é composta por membros eleitos por listas, de acordo com o sistema de representação proporcional segundo o método de Hondt, nos círculos eleitorais sub-regionais definidos no artigo 2º.

2 – Por cada círculo eleitoral são eleitos dois médicos até 500 médicos nele inscritos, e mais um por cada 500 médicos ou fração superior a 250 médicos.

3 – Integram ainda a assembleia de representantes, os presidentes dos conselhos sub-regionais e dos conselhos médicos dos Açores e da Madeira.

4 – Os membros do conselho nacional têm direito a participar, sem direito de voto, nas reuniões da assembleia de representantes.

5 – A assembleia de representantes reúne, de forma rotativa nas sedes das três secções regionais, de acordo com a convocatória do seu presidente.

Artigo 48º – Mesa da assembleia de representantes

1 – A mesa da assembleia de representantes é constituída por um presidente, por um vice-presidente e por um secretário.

2 – O presidente da mesa é eleito pela assembleia de representantes de entre os seus membros, cabendo-lhe nomear o vice-presidente e o secretário.

Artigo 49º – Competências da assembleia de representantes

Compete à assembleia de representantes:

a) Nomear, sob proposta do bastonário, dois vogais para o conselho nacional;

b) Discutir e aprovar os regulamentos que lhe forem submetidos para apreciação pelo conselho nacional;

c) Apreciar e aprovar os relatórios de contas e atividades, o plano de atividades e o orçamento nacionais da Ordem, incluindo os orçamentos retificativos;

d) Aprovar o montante das quotas e das demais contribuições financeiras dos médicos, sob proposta do conselho nacional;

e) Aprovar as propostas de alteração ao presente Estatuto;

f) Decidir sobre as propostas de criação ou extinção de especialidades, e criar subespecialidades ou competências, dos respetivos colégios e secções e de outros órgãos consultivos, nos termos do presente Estatuto;

g) Demitir o bastonário;

h) Elaborar e aprovar o seu regimento;

i) Exercer as demais competências previstas no presente Estatuto e na lei.

Artigo 50º - Reuniões

1 – A assembleia de representantes reúne, pelo menos, duas vezes por ano, para exercer a competência prevista na alínea c) do artigo anterior.

2 – A assembleia de representantes reúne ainda, por convocatória do seu presidente, sempre lhe for requerido pelo bastonário, pelo conselho nacional, pelo conselho fiscal nacional, a requerimento de qualquer conselho regional ou a requerimento de 20% dos seus membros.

Artigo 51º - Convocatória da assembleia de representantes

1 – A assembleia de representantes é convocada para o local, dia e hora fixados, com a antecedência mínima de 20 dias, ou de 10 dias em casos de comprovada urgência, por carta simples, por anúncio público publicado no sítio oficial da Ordem, por meios eletrónicos e num jornal diário nacional, com indicação da ordem de trabalhos.

2 – Se à hora marcada não houver número de membros igual a metade e mais um, a assembleia de representantes reúne 30 minutos depois, desde que estejam presentes 40% dos seus membros.

Artigo 52º - Composição do conselho nacional

1 – O conselho nacional é constituído pelo bastonário, pelos presidentes dos conselhos regionais, por um elemento designado de entre os seus membros por cada um dos conselhos regionais e por dois membros propostos pelo bastonário e nomeados pela assembleia de representantes.

2 – Cada conselho regional designa ainda dois membros suplentes que, nas ausências e impedimentos do seu presidente e do elemento designado, os substituem.

3 – O presidente do conselho nacional do médico interno, ou um seu representante, pode assistir e participar, sem direito de voto, às reuniões do conselho nacional.

Artigo 53º – Funcionamento do conselho nacional

1 – O conselho nacional funciona em plenário e em comissão permanente.

2 – O plenário do conselho nacional é constituído por todos os seus membros.

3 – A comissão permanente do conselho nacional é composta pelo bastonário, pelos presidentes dos conselhos regionais e por um dos elementos indicados pelo bastonário, sendo um dos seus membros o secretário da comissão permanente.

Artigo 54º – Reuniões

1 – O plenário do conselho nacional reúne, em regra, de 15 em 15 dias e delibera validamente quando se mostre presente a maioria legal dos seus membros e estejam representadas as três secções regionais.

2 – As deliberações adotadas pela comissão permanente do conselho nacional são comunicadas ao plenário do conselho nacional, para que constem das respetivas atas.

Artigo 55º – Convocatória das reuniões ordinárias do plenário do conselho nacional

1 – O plenário do conselho nacional reúne por convocatória do bastonário, da qual consta a ordem de trabalhos, acompanhada dos respetivos documentos, efetuada com a antecedência mínima de cinco dias.

2 – O plenário do conselho nacional reúne ainda a pedido de qualquer conselho regional, que pode requerer a inclusão de assuntos na ordem de trabalhos.

Artigo 56º – Reuniões extraordinárias do conselho nacional

1 – As reuniões extraordinárias têm lugar mediante convocação do presidente.

2 – O presidente é obrigado a proceder à convocação do conselho nacional sempre que, pelo menos, um terço dos membros lho solicitem por escrito, indicando o assunto que pretendam ver tratado.

3 – A convocatória da reunião deve ser feita para um dos 15 dias seguintes à apresentação referida no número anterior, mas sempre com uma antecedência mínima de 48 horas sobre a data da reunião extraordinária.

4 – Da convocatória devem constar, de forma expressa e especificada, os assuntos a tratar na reunião.

Artigo 57º – Deliberações

1 – As deliberações do conselho nacional são tomadas por maioria, podendo ser interposto recurso, por dois membros vencidos, com efeito suspensivo para o conselho superior.

2 – Em caso de empate na votação, o presidente tem voto de qualidade, salvo se a votação se tiver efetuado por escrutínio secreto.

3 – Havendo empate em votação por escrutínio secreto, procede-se imediatamente a nova votação e, se o empate se mantiver, adia-se a deliberação para a reunião seguinte, e se, na primeira votação dessa reunião, se mantiver o empate, deve proceder-se a votação nominal.

Artigo 58º – Competências do conselho nacional

1 – Compete ao plenário do conselho nacional:

a) Nomear, de entre os presidentes dos conselhos regionais, o substituto do presidente;

b) Nomear, de entre os seus membros, o secretário e o tesoureiro e atribuir pelouros aos restantes membros;

c) Nomear o presidente e oito membros dos conselhos nacionais consultivos, incluindo os dois elementos indicados por cada conselho regional;

d) Contratar, pelo tempo de duração do seu mandato, o revisor oficial de contas para integrar o conselho fiscal nacional;

e) Contratar, pelo tempo de duração do seu mandato, os serviços de consultadoria, nomeadamente, jurídica, económica ou de comunicação;

f) Elaborar e apresentar anualmente à assembleia de representantes os planos de atividade, os orçamentos e os relatórios de atividades e de contas;

g) Administrar o património afeto aos órgãos nacionais da Ordem e zelar pelos bens e valores nacionais da mesma;

h) Elaborar o inventário dos bens da Ordem;

i) Submeter à apreciação da assembleia de representantes todos os assuntos sobre os quais ela deva estatutariamente pronunciar-se e requerer a sua convocação extraordinária, sempre que o julgue conveniente;

j) Elaborar os regulamentos de âmbito nacional da Ordem e submetê-los à aprovação da assembleia de representantes;

k) Manter ligações com instituições médicas ou outras, nacionais e estrangeiras, e credenciar os respetivos delegados;

l) Participar na elaboração da legislação que diga respeito ao acesso e exercício da profissão médica;

m) Contratar os funcionários e os prestadores de serviços dos órgãos nacionais da Ordem e fixar as suas remunerações;

n) Executar e fazer cumprir as deliberações aprovadas na assembleia de representantes;

o) Propor o montante das quotas e submeter a sua aprovação à assembleia de representantes;

p) Assegurar a publicação periódica e regular de uma revista nacional de informação e de uma revista nacional científica da Ordem e nomear os membros que integram as respetivas fichas técnicas;

q) Assegurar a manutenção do sítio na Internet nacional, nomeando o respetivo responsável;

r) Coordenar as relações da Ordem com os meios de comunicação social, através da comissão permanente;

s) Solicitar e ou aprovar pareceres, normas técnicas, normas de orientação clínica, e outros normativos da competência consultiva dos conselhos nacionais consultivos e dos colégios da especialidade e competências;

t) Cumprir e fazer cumprir o presente Estatuto e os regulamentos da Ordem, bem como as deliberações dos seus órgãos;

u) Organizar, com a colaboração dos conselhos regionais, o congresso nacional da Ordem;

v) Manter um registo nacional atualizado dos médicos inscritos e daqueles a quem seja concedida licença para realização de estágios profissionais, assegurando a sua comunicação às autoridades administrativas competentes, nos termos da lei;

w) Nomear os representantes da Ordem, sempre que necessário, para integrarem, designadamente, comissões, conselhos, grupos de trabalhos e júris;

x) Exercer as demais competências previstas no presente Estatuto e na lei.

2 – Compete à comissão permanente do conselho nacional a execução administrativa das deliberações do conselho nacional, bem como a gestão corrente, política e administrativa da Ordem.

Artigo 59º – Composição do conselho fiscal nacional

1 – O conselho fiscal nacional é constituído pelos presidentes dos conselhos fiscais regionais e por um Revisor Oficial de Contas, contratado pelo conselho nacional.

2 – O presidente do conselho fiscal nacional é eleito de entre os seus membros médicos.

Artigo 60º – Competência do conselho fiscal nacional

Compete ao conselho fiscal nacional:

a) Dar parecer sobre o relatório de contas e o orçamento, apresentados pelo conselho nacional;

b) Apresentar ao conselho nacional as sugestões que entender de interesse para a Ordem;

c) Consultar quaisquer documentos que titulem receitas e despesas da Ordem, bem como os documentos que as autorizem;

d) Exercer as demais competências previstas no presente Estatuto e na lei;

e) Aprovar o seu regimento.

Artigo 61º – Do conselho superior

1 – O conselho superior é o órgão jurisdicional da Ordem, com funções de supervisão e disciplina.

2 – O conselho superior é eleito por listas em círculos eleitorais regionais, das quais constam dois suplentes, definidos nos termos do nº 3 do artigo 2º

3 – Por cada círculo eleitoral são eleitos cinco membros.

4 – Em cada círculo eleitoral o apuramento dos mandatos é efetuado segundo o método de Hondt.

Artigo 62º – Composição do conselho superior

1 – O conselho superior é composto por 15 membros, aos quais cabe designar o presidente, o vice-presidente e o secretário.

2 – Em caso de empate, o presidente tem voto de qualidade.

3 – O conselho superior deve possuir uma assessoria jurídica independente dos demais órgãos.

Artigo 63º – Competências do conselho superior

1 – Compete ao conselho superior:

a) Velar pela legalidade da atividade exercida pelos órgãos da Ordem e exercer poderes de controlo;

b) Decidir os recursos interpostos das decisões proferidas por qualquer órgão da Ordem;

c) Decidir, em matéria disciplinar, os recursos interpostos das decisões proferidas pelos conselhos disciplinares regionais;

d) Decidir os processos disciplinares em que sejam arguidos o bastonário e os membros do conselho superior ou do conselho nacional;

e) Uniformizar a atuação dos conselhos disciplinares regionais;

f) Deliberar sobre pedidos de escusa, de manifesto conflito de interesses na atribuição de cargos, de renúncia e de suspensão temporária do cargo, bem como julgar os recursos das decisões dos órgãos da Ordem que determinem a perda de cargo de qualquer dos seus membros ou declararem a verificação de impedimento;

g) Deliberar sobre impedimentos e perdas do mandato do cargo dos seus membros e suspendê-los preventivamente, em caso de falta disciplinar, no decurso do respetivo processo;

h) Convocar as assembleias das sub-regiões, das regiões, e assembleias gerais, quando tenha sido excedido o prazo para a respetiva convocação;

i) Decidir sobre a incapacidade, parcial ou total, temporária ou definitiva, para o exercício da profissão de médico, nos termos do presente Estatuto;

j) Verificar a conformidade legal e estatutária da realização de referendos;

k) Apreciar e decidir os casos duvidosos e apreciar os casos omissos do presente Estatuto e dos regulamentos da Ordem.

2 – Quando o conselho superior delibera nos termos da alínea d) do número anterior, são aplicáveis, com as necessárias adaptações, as regras que regulam os processos que correm termos nos conselhos disciplinares regionais, previstas no anexo ao presente Estatuto que dele fazem parte integrante.

3 – Os recursos a interpor para o conselho superior são restritos às questões de legalidade das decisões recorridas.

4 – Os recursos para o conselho superior são obrigatórios e têm efeito suspensivo, devendo ser decididos no prazo de 45 dias, sob pena de se considerarem indeferidos.

Artigo 64º – Impugnação judicial

1 – Das deliberações proferidas pelo conselho superior cabe recurso para o tribunal administrativo competente.

2 – Têm legitimidade para impugnar a legalidade dos atos e regulamentos da Ordem:

a) Os interessados, nos termos das leis do processo administrativo;

b) O Ministério Público.

Artigo 65º – Do conselho disciplinar regional

1 – A nível regional, a competência disciplinar da Ordem é exercida pelo conselho disciplinar regional, eleito pela respetiva assembleia eleitoral regional.

2 – Os conselhos disciplinares regionais são eleitos por listas em círculos eleitorais regionais, definidos nos termos do nº 3 do artigo 2º, sendo eleita a lista mais votada.

Artigo 66º – Composição do conselho disciplinar regional

1 – O conselho disciplinar regional é constituído por um membro por cada 1 500 médicos inscritos na respetiva região, sendo que, no caso de o número de membros ser par, é eleito mais um membro, num número mínimo de sete membros.

2 – Nas listas que se apresentem a sufrágio devem constar, como suplentes, três nomes de médicos, para a substituição de algum dos membros efetivos, em caso de morte, incapacidade ou renúncia.

3 – No início de cada mandato, o conselho disciplinar regional nomeia o presidente e um vice-presidente, para substituir o primeiro no caso de ausência ou impedimento.

4 – O conselho disciplinar regional pode recorrer a serviços de assessoria jurídica próprios.

Artigo 67º – Competências do conselho disciplinar regional

1 – São atribuições do conselho disciplinar regional julgar as infrações à deontologia e ao exercício da profissão médica, previstas no presente Estatuto.

2 – As infrações cometidas por qualquer membro de um dos conselhos disciplinares regionais são instruídas e julgadas por um dos outros conselhos disciplinares regionais, mediante sorteio.

3 – Compete aos conselhos disciplinares regionais exercer a competência disciplinar relativamente a todos aqueles que exerçam legalmente medicina e que tenham praticado factos que constituam infrações deontológicas na área da respetiva região.

Artigo 68º – Poder e processo disciplinar

1 – A Ordem exerce, com respeito, nomeadamente, pelos direitos de audiência e defesa, o poder disciplinar sobre aqueles que exerçam legalmente a profissão de médico em Portugal.

2 – As normas respeitantes aos princípios gerais da jurisdição disciplinar e da atuação dos órgãos, a definição de infração disciplinar, a tipificação e a caracterização das respetivas sanções, bem como todas as demais normas referentes à ação disciplinar e à tramitação do procedimento disciplinar são as previstas no anexo ao presente Estatuto e que dele fazem parte integrante.

Artigo 69º – Colégios de especialidade

1 – Os colégios da especialidade e de competência são órgãos técnicos e consultivos da Ordem e integram os médicos qualificados nas diferentes especialidades.

2 – Através dos colégios, a Ordem:

a) Participa na atividade científico-profissional das sociedades médicas portuguesas existentes ou que venham a criar-se;

b) Formula normas técnicas, de orientação clínica e outras relativas ao exercício profissional.

3 – Existem tantos colégios, quantas as especialidades e competências.

4 – No âmbito dos colégios de especialidades podem ser criadas secções de subespecialidades.

Artigo 70º – Assembleia geral do colégio

1 – A assembleia geral do colégio é constituída por todos os médicos inscritos no respetivo colégio, no pleno gozo dos seus direitos estatutários, e reúne, pelo menos, uma vez durante o primeiro ano do mandato.

2 – A assembleia geral é convocada pela direção do colégio, pelo conselho nacional, pelo presidente da Ordem ou por 10% dos seus membros.

3 – À assembleia geral compete:

a) Deliberar e recomendar sobre assuntos relativos ao exercício da especialidade e da competência, ou sobre o funcionamento do respetivo colégio, a propor ao conselho nacional;

b) Pronunciar-se sobre todos os assuntos que interessam aos seus membros, particularmente no que se refere ao exercício profissional;

c) Aprovar votos de desconfiança e propor ao conselho nacional a demissão da direção do colégio, depois de convocada especificamente para esse fim e se estiverem presentes a maioria absoluta dos membros inscritos no colégio.

4 – As assembleias são presididas pelo presidente da direção e secretariadas por dois membros da direção designados para o efeito por aquele.

5 – A assembleia geral é convocada por aviso publicado no sítio na Internet da Ordem e na revista nacional da Ordem, com antecedência mínima de 30 dias, quando se trate de assembleias gerais eleitorais.

6 – Em casos de manifesta urgência, a assembleia geral pode ser convocada por carta.

Artigo 71º – Composição das direções dos colégios de especialidades e competências

1 – Cada colégio é dirigido por um mínimo de três e um máximo de 15 membros que, de entre si, escolhem o presidente.

2 – As direções dos colégios são eleitas entre os pares neles inscritos, de entre listas e de acordo com o sistema da maioria simples.

3 – A direção do colégio toma posse perante o conselho nacional e pode ser por este destituída sempre que incorrer em incumprimento grave e reiterado das suas competências, havendo, neste caso, lugar a novas eleições.

4 – Os presidentes dos colégios são assessores técnicos do conselho nacional de ensino e educação médica e do conselho nacional para a formação profissional contínua.

Artigo 72º – Competências das direções dos colégios de especialidades

Compete às direções dos colégios de especialidades:

a) Promover o estreitamento das relações científicas e profissionais;

b) Zelar pela valorização técnica dos médicos e pela observância relativa à qualificação dos mesmos;

c) Indicar membros para os júris dos exames de especialidades, nos termos previstos no presente Estatuto;

d) Participar no conselho nacional de ensino e educação médica e no conselho nacional de formação profissional contínua;

e) Emitir pareceres em questões de âmbito nacional ou regional apresentadas pelo conselho nacional e pelos conselhos regionais respetivamente;

f) Emitir pareceres em questões de âmbito da competência disciplinar destes apresentadas pelos conselhos disciplinares regionais e pelo conselho superior;

g) Emitir pareceres técnicos em questões apresentadas pelos médicos ao conselho nacional e aos conselhos regionais ou pelas instâncias judiciais ou administrativas;

h) Promover a articulação entre a Ordem e as sociedades científicas médicas;

i) Elaborar os seus regulamentos internos e propô-los ao conselho nacional;

j) Indicar peritos, de entre os seus pares;

k) Propor o programa de formação da respetiva especialidade;

l) Propor a definição e revisão dos critérios para a determinação de idoneidade e capacidade formativa dos estabelecimentos e serviços de saúde.

Artigo 73º – Programas do internato médico

Nos termos do disposto no regime do internato médico, compete à Ordem propor ao membro do Governo responsável pela área da saúde os programas de formação do internato médico, bem como a sua revisão, de cinco em cinco anos.

Artigo 74º – Idoneidade dos serviços e capacidades formativas

Nos termos do disposto no regime do internato médico, compete à Ordem propor ao membro do Governo responsável pela área da saúde a definição e a revisão dos critérios de idoneidade e capacidade formativa, bem como a identificação dos serviços idóneos e respetiva capacidade formativa.

Artigo 75º – Especialidades, subespecialidades e competências

1 – É da única e exclusiva competência da Ordem o reconhecimento da individualização das especialidades, subespecialidades e competências médicas e cirúrgicas, da correspondente qualificação profissional médica, da atribuição do respetivo título de especialista e da autorização para o correspondente exercício, nos termos do presente Estatuto.

2 – Só os médicos inscritos no quadro de especialistas, subespecialistas e competências da Ordem podem usar o respetivo título e fazer parte do correspondente colégio.

Artigo 76º – Competência

1 – A Ordem pode, ainda, reconhecer uma diferenciação técnico-profissional, designada como competência, baseada em habilitações técnico-profissionais que podem ser comuns a várias especialidades, através de uma apreciação curricular apropriada, realizada por comissões designadas para o efeito nos termos previstos em regulamento.

2 – Os médicos detentores da competência prevista no número anterior integram os colégios.

Artigo 77º – Composição dos conselhos nacionais consultivos

1 – À exceção do conselho nacional do médico interno, cada conselho nacional consultivo é constituído por um presidente e oito vogais, designados pelo conselho nacional de entre médicos com reconhecida competência no respetivo setor.

2 – O conselho nacional pode, por proposta do respetivo conselho nacional consultivo, designar assessores técnicos.

3 – O conselho nacional do médico interno é eleito, pelos médicos internos, de entre estes, por listas e segundo o sistema da maioria simples, aplicando-se as regras eleitorais previstas para os colégios de especialidades.

Artigo 78º – Reuniões

1 – Cada conselho reúne sempre que o respetivo presidente o considere necessário ou quando lho seja requerido pelo conselho nacional.

2 – Em casos de manifesta impossibilidade de comparência e desde que o assunto da reunião o permita, os membros dos conselhos podem emitir parecer por escrito, enviando-o com a devida antecedência ao presidente.

Artigo 79º – Conselho nacional de ética e deontologia médica

Compete ao conselho nacional de ética e deontologia médica zelar pela observância das normas deontológicas, no que se refere aos deveres para com os doentes, a comunidade e os médicos entre si, emitindo parecer, sempre que lhe for solicitado.

Artigo 80º – Conselho nacional de ensino e educação médica

Compete ao conselho nacional de ensino e educação médica:

a) Colaborar com o conselho nacional na elaboração do plano científico da Ordem;

b) Elaborar relatórios e emitir pareceres sobre o ensino pré-graduado, a apresentar pela Ordem às entidades oficiais;

c) Planificar cursos de atualização e aperfeiçoamento, com a colaboração das Universidades, das escolas de ensino médico e de outras instituições;

d) Manter um centro de documentação e informação médica nacional e de divulgação bibliográfica científica;

e) Emitir parecer sobre bolsas de estudo e prémios científicos a atribuir pela Ordem;

f) Colaborar na educação para a saúde das populações;

g) Cooperar, através do conselho nacional, no quadro do regime legal aplicável, com os organismos responsáveis pela orientação, programas ou esquemas de ensino médico pré-graduado e paramédico.

Artigo 81º – Conselho nacional para a formação profissional contínua

Compete ao conselho nacional para a formação profissional contínua, através do conselho nacional:

a) Gerir os processos de recertificação dos médicos inscritos e propor o respetivo regulamento;

b) Emitir parecer sobre os assuntos relacionados com a formação profissional contínua.

Artigo 82º – Conselho nacional para o serviço nacional de saúde e carreiras médicas

Compete ao conselho nacional para o serviço nacional de saúde e carreiras médicas:

a) Emitir parecer sobre assuntos relacionados com a organização do Serviço Nacional de Saúde;

b) Emitir parecer sobre assuntos relacionados com a qualificação profissional no âmbito das carreiras médicas.

Artigo 83º – Conselho nacional de exercício da medicina privada e convencionada

Compete ao conselho nacional de exercício da medicina privada e convencionada:

a) Emitir parecer sobre os conflitos nas relações entre médicos e destes com outros profissionais ou com instituições oficiais ou particulares, no exercício da medicina privada e convencionada;

b) Emitir parecer sobre os legítimos interesses dos médicos quanto à tributação e quanto a laudos de honorários;

c) Em articulação com os colégios e as sociedades científicas, promover a revisão e atualização regular da tabela dos códigos de nomenclatura e complexidade relativa dos atos médicos e propor a sua aprovação ao conselho nacional.

Artigo 84º – Conselho nacional de solidariedade social dos médicos

Compete ao conselho nacional da solidariedade social dos médicos:

a) Propor ao conselho nacional um plano de solidariedade social dos médicos na doença, invalidez e reforma, extensivo aos familiares deles dependentes, sem prejuízo da sua inserção num sistema nacional de segurança social;

b) Integrar os organismos responsáveis pela orientação, programas ou esquemas de segurança social, quando tal for legalmente determinado;

c) Participar na gestão do Fundo de Solidariedade da Ordem e propor, de forma regular, a revisão e atualização do mesmo Fundo;

d) Contribuir, em parceria com os conselhos regionais, para o desenvolvimento de planos regionais de apoio social aos médicos na terceira idade, nomeadamente com a criação das «casas sociais dos médicos».

Artigo 85º – Conselho nacional para a prevenção do erro médico e eventos adversos graves

Compete ao conselho nacional para a prevenção de erros médicos e eventos adversos graves elaborar estudos e propor ao conselho nacional a adoção de medidas que visem diminuir ou eliminar erros médicos ou eventos adversos graves, bem como elaborar e proceder a um registo nacional de erros médicos e eventos adversos graves.

Artigo 86º – Conselho nacional para atribuição do patrocínio científico

Compete ao conselho nacional para a atribuição do patrocínio científico:

a) Emitir pareceres sobre o patrocínio científico da Ordem a eventos científicos e ações de formação, nomeadamente congressos, palestras e cursos de formação;

b) Emitir parecer sobre os assuntos relacionados com a formação médica.

Artigo 87º – Conselho nacional da pós-graduação

Compete ao conselho nacional da pós-graduação:

a) Emitir pareceres no âmbito dos internatos médicos, nomeadamente quanto aos pedidos de equivalência solicitados pelos internos, nos termos da respetiva legislação;

b) Emitir parecer sobre os assuntos relacionados com a autonomia médica e a formação específica.

Artigo 88º – Conselho nacional da política do medicamento

Compete ao conselho nacional da política do medicamento emitir parecer sobre os assuntos relacionados com a política do medicamento.

Artigo 89º – Conselho nacional dos cuidados continuados

Compete ao conselho nacional dos cuidados continuados emitir parecer sobre os assuntos relacionados com os cuidados continuados.

Artigo 90º – Conselho nacional para as tecnologias de informática na saúde

Compete ao conselho nacional para as tecnologias de informática na saúde emitir parecer sobre os assuntos relacionados com as tecnologias de informática na saúde.

Artigo 91º – Conselho nacional para a auditoria e qualidade

Compete ao conselho nacional para a auditoria e qualidade:

a) Emitir parecer sobre os assuntos relacionados com auditoria e qualidade na saúde;

b) Participar, com os colégios da especialidade, na elaboração de normas de orientação clínica;

c) Participar nas auditorias da qualidade realizadas no território nacional;

d) Participar na definição de indicadores de qualidade em saúde;

e) Promover a formação na área de auditoria em saúde.

Artigo 92º – Conselho nacional de ecologia e promoção da saúde

Compete ao conselho nacional de ecologia e promoção da saúde:

a) Emitir pareceres sobre ecologia e promoção da saúde e promover a realização de estudos e iniciativas na área da sua competência;

b) Promover contactos com as instituições de solidariedade social e com as associações de doentes, com vista à promoção da saúde e de práticas de vida saudável.

Artigo 93º – Conselho nacional do médico interno

Compete ao conselho nacional do médico interno:

a) Promover o estreitamento das relações científicas e profissionais dos médicos em formação;

b) Apreciar, discutir e dar parecer sobre os assuntos que digam respeito aos internatos médicos a pedido do conselho nacional;

c) Pronunciar-se sobre os temas propostos pelo conselho nacional, pelos conselhos regionais ou médicos a título individual ou coletivo, emitindo parecer ou participando em reuniões e grupos de trabalho;

d) Elaborar estudos e propostas próprias ou em colaboração com outros órgãos da Ordem, designadamente em matérias relativas ao internato médico;

e) Promover a participação dos médicos internos na resolução dos seus problemas;

f) Representar a Ordem, por delegação do conselho nacional, junto das entidades oficiais nacionais e internacionais e de organismos relacionados com os médicos internos;

g) Propor a designação de assessores técnicos, nos termos da lei e do presente Estatuto;

h) Cooperar, dentro do enquadramento legal aplicável, com organismos responsáveis pela orientação, programas e esquemas de orientação médica pós-graduada;

i) Zelar pela valorização do internato médico;

j) Propor, de modo fundamentado, ao conselho nacional a revisão das idoneidades e capacidades formativas e programas de internatos de especialidade, nos termos previstos no presente Estatuto.

Artigo 94º – Fundo de solidariedade

1 – O fundo de solidariedade da Ordem tem como finalidade essencial a concessão de benefícios sociais à classe médica, e é gerido pelo conselho nacional, através de uma comissão executiva nomeada por este.

2 – Os benefícios sociais referidos no número anterior, cujas condições de atribuição são determinadas por regulamento, abrangem, nomeadamente:

a) Apoio em espécie e numerário aos médicos em situação de carência económica;

b) Apoio aos médicos mais idosos;

c) Apoio a órfãos filhos de médicos.

Artigo 95º – Constituição do fundo de solidariedade

O fundo de solidariedade integra:

a) Os direitos, as obrigações e o património da extinta Caixa de Previdência dos Médicos Portugueses;

b) As contribuições financeiras regulares que, a esse título, o conselho nacional destine anualmente ao fundo de solidariedade e que, em caso algum, podem ser inferiores a 2% das quotas efetivamente cobradas;

c) As doações, legados e dádivas que sejam efetuados à Ordem, com a menção expressa de integração no fundo de solidariedade.

Artigo 96º – Incompatibilidade com o exercício da profissão médica

É incompatível com o exercício da profissão médica o exercício da profissão de farmacêutico.

Artigo 97º – Títulos de qualificação profissional

1 – A Ordem atribui os seguintes títulos profissionais, que reconhecem a diferenciação técnico-profissional dos seus titulares:

a) Médico;

b) Médico especialista.

2 – A Ordem atribui ainda as qualificações de médico especialista com subespecialidade e de médico com a competência.

3 – O médico é o profissional habilitado a exercer autonomamente a atividade médica.

4 – O médico especialista é o profissional habilitado com uma diferenciação a que corresponde um conjunto de saberes específicos, obtidos após a frequência, com aproveitamento, de uma formação especializada numa área do conhecimento médico e inscrito no respetivo colégio da especialidade.

5 – A competência é o título que reconhece habilitações técnico-profissionais comuns a várias especialidades e que pode ser obtido por qualquer médico ou especialista, através da apreciação curricular apropriada, realizada por uma comissão nomeada para o efeito pelo conselho nacional.

6 – O título de médico especialista é atribuído nas seguintes áreas:

a) Anatomia Patológica;
b) Anestesiologia;
c) Angiologia e Cirurgia Vascular;
d) Cardiologia;
e) Cardiologia Pediátrica;
f) Cirurgia Cardíaca;
g) Cirurgia Cardiotorácica;
h) Cirurgia Geral;
i) Cirurgia Maxilo-Facial;
j) Cirurgia Pediátrica;
k) Cirurgia Plástica, Reconstrutiva e Estética;
l) Cirurgia Torácica;
m) Dermatovenereologia;
n) Doenças Infecciosas;
o) Endocrinologia e Nutrição;
p) Estomatologia;
q) Gastrenterologia;
r) Genética Médica;
s) Ginecologia/Obstetrícia;
t) Imunoalergologia;
u) Imuno-hemoterapia;
v) Farmacologia Clínica;
w) Hematologia Clínica;
x) Medicina Desportiva;
y) Medicina do Trabalho;

z) Medicina Física e de Reabilitação;
aa) Medicina Geral e Familiar;
bb) Medicina Intensiva;
cc) Medicina Interna;
dd) Medicina Legal;
ee) Medicina Nuclear;
ff) Medicina Tropical;
gg) Nefrologia;
hh) Neurocirurgia;
ii) Neurologia;
jj) Neurorradiologia;
kk) Oftalmologia;
ll) Oncologia Médica;
mm) Ortopedia;
nn) Otorrinolaringologia;
oo) Patologia Clínica;
pp) Pediatria;
qq) Pneumologia;
rr) Psiquiatria;
ss) Psiquiatria da Infância e da Adolescência;
tt) Radiologia;
uu) Radioncologia;
vv) Reumatologia;
ww) Saúde Pública;
xx) Urologia.

Artigo 98º – Inscrição

1 – A atribuição do título profissional, o seu uso e o exercício da profissão de médico dependem da inscrição na Ordem.

2 – Podem inscrever-se na Ordem:

a) Os titulares do grau de licenciado em Medicina conferido na sequência de um ciclo de estudos de licenciatura realizado no quadro da organização de estudos anterior ao regime de organização de estudos introduzido pelo Decreto-Lei nº 74/2006, de 24 de março, alterado pelos Decretos-Leis nºs 107/2008, de 25 de junho, 230/2009, de 14 de setembro, e 115/2013, de 7 de agosto;

b) Os titulares do grau de mestre em Medicina conferido na sequência de um ciclo de estudos integrado de mestrado realizado no quadro da organização de estudos introduzida pelo Decreto-Lei nº 74/2006, de 24 de março alterado pelos Decretos-Leis nºs 107/2008, de 25 de junho, 230/2009, de 14 de setembro, e 115/2013, de 7 de agosto;

c) Os titulares de graus académicos superiores estrangeiros em Medicina a quem tenha sido conferida equivalência a um dos graus a que se referem as alíneas anteriores;

d) Os profissionais nacionais de Estados membros da União Europeia ou do Espaço Económico Europeu cujas qualificações tenham sido obtidas fora de Portugal, nos termos do artigo 114º.

3 – A inscrição de nacionais de Estados terceiros cujas qualificações tenham sido obtidas fora de Portugal, e aos quais se aplique o disposto na alínea c) do número anterior, depende igualmente da garantia de reciprocidade de tratamento, nos termos de convenção internacional, incluindo convenção celebrada entre a Ordem e a autoridade congénere do país de origem do interessado.

4 – Podem também inscrever-se na Ordem:

a) As sociedades profissionais de médicos, incluindo as filiais de organizações associativas de médicos constituídas ao abrigo do direito de outro Estado, nos termos do artigo 116º;

b) As representações permanentes em território nacional de organizações associativas de médicos constituídas ao abrigo do direito de outro Estado, caso pretendam ser membros da Ordem, nos termos do artigo 117º.

5 – Ao exercício de forma ocasional e esporádica em território nacional da atividade médica, em regime de livre prestação de serviços, por profissionais nacionais de Estados membros da União Europeia e do Espaço Económico Europeu, cujas qualificações tenham sido obtidas fora de Portugal aplica-se o disposto no artigo 115º.

6 – A admissão dos candidatos referidos nas alíneas c) e d) do nº 2 e no nº 3 é ainda condicionada à comprovação da competência linguística necessária ao exercício da atividade médica em Portugal, nos termos da Lei nº 9/2009, de 4 de março, alterada pelas Leis nºs 41/2012, de 28 de agosto, e 25/2014, de 2 de maio.

Artigo 99º – Recusa de inscrição

1 – A inscrição na Ordem só pode ser recusada com fundamento na falta de habilitações legais para o exercício da profissão, em inibição por sentença judicial transitada em julgado e na não aprovação na prova de comunicação médica.

2 – Após análise do pedido de inscrição, caso o conselho regional competente delibere no sentido de recusar o pedido de inscrição, deve notificar o requerente, comunicando-lhe essa intenção e concedendo-lhe um prazo, não inferior a 10 dias úteis, para se pronunciar.

3 – Após a audiência do interessado e se o conselho regional competente mantiver a intenção de recusar a inscrição, a deliberação, devidamente fundamentada deve ser notificada ao interessado.

4 – Da deliberação do conselho regional que recuse a inscrição cabe recurso para o conselho superior e para os Tribunais Administrativos, nos termos gerais.

Artigo 100º – Período de exercício sem autonomia

1 – Sem prejuízo do disposto nas alíneas c) e d) do nº 2 do artigo 98º, uma vez aceite a inscrição, a todos os inscritos que não se encontrem nas situações previstas no artigo seguinte, aplica-se o regime do período de exercício profissional sem autonomia.

2 – Durante o período de exercício sem autonomia, o médico apenas pode exercer a atividade clínica quando acompanhado pelo seu orientador ou, na ausência deste, por médico habilitado ao exercício autónomo da profissão.

Artigo 101º – Inscrição para o exercício autónomo da atividade médica

1 – A inscrição para o exercício autónomo da medicina depende da realização de estágio profissional e da aprovação em exame que visa a avaliação do nível de conhecimentos práticos e teóricos.

2 – Estão dispensados da realização do estágio e do exame, previsto no número anterior, os candidatos que, no âmbito do disposto no regime do internato médico, se encontrem habilitados ao exercício autónomo da medicina.

3 – Podem ser dispensados do estágio e ou da realização do exame aqueles a quem seja reconhecida experiência profissional relevante demonstra-

tiva do nível de conhecimentos teóricos e práticos que o habilite ao exercício autónomo da atividade médica.

4 – Para efeitos das dispensas previstas no número anterior, os candidatos devem apresentar um currículo resumido do qual conste:

a) Informação detalhada sobre as matérias lecionadas durante a formação académica pré-graduada;

b) Informação sobre os estágios de formação pós-graduada realizados, com a identificação dos locais onde tiveram lugar e, caso exista, a respetiva avaliação;

c) Atividade desenvolvida no decurso dos estágios, com informação dos respetivos diretores de serviço;

d) Comprovação da atividade profissional exercida;

e) Outros dados que o candidato considere relevantes.

5 – A dispensa da realização do estágio é concedida pelo conselho regional competente, após apreciação do currículo pelo júri referido no artigo 110º.

Artigo 102º – Documentos e formalidades

1 – O requerimento de inscrição é apresentado ao conselho regional da área da residência ou da área onde o médico vai estabelecer-se para exercer a profissão e deve ser acompanhado dos seguintes documentos:

a) Fotocópia do documento de identificação civil;

b) Comprovativo da habilitação académica necessária, em original ou pública-forma, ou, na falta deste, documento comprovativo de que já foi requerido e está em condições de ser expedido;

c) Certificado do registo criminal, emitido há menos de três meses;

d) Fotocópia do documento de identificação fiscal, sempre que o mesmo não conste do documento identificado na alínea a);

e) Boletim preenchido nos termos regulamentares, assinado pelo interessado e acompanhado de três fotografias.

2 – Para a inscrição, como médico habilitado ao exercício autónomo da profissão, é dispensada a apresentação de documento comprovativo de habilitação académica necessária, quando o mesmo já conste dos arquivos da Ordem.

3 – No requerimento, deve o interessado indicar, para uso no exercício da profissão, nome abreviado, que não é admitido se for suscetível de pro-

vocar confusão com outro anteriormente requerido ou inscrito, exceto se o possuidor deste com isso tiver concordado e a Ordem aceite.

Artigo 103º – Objetivos do estágio profissional

A realização do estágio profissional tem por objetivo a aplicação em contexto real de trabalho, dos conhecimentos teóricos decorrentes da formação académica, o desenvolvimento da capacidade para resolver problemas concretos e a aquisição das competências e métodos de trabalho indispensáveis a um exercício competente e responsável da medicina, designadamente nas suas vertentes técnica, científica, deontológica e de relacionamento interpessoal.

Artigo 104º – Caracterização do estágio profissional

1 – Sem prejuízo das regras legais aplicáveis ao internato médico, o estágio profissional tem lugar em estabelecimentos e serviços de saúde, reconhecidos como idóneos para o efeito e que celebrem com a Ordem um protocolo de estágio profissional.

2 – É obrigatória a nomeação de um orientador de estágio que dirija e supervisione o respetivo estágio profissional.

Artigo 105º – Organização dos estágios profissionais

A organização dos estágios profissionais, bem como a manutenção do registo nacional dos estabelecimentos e serviços de saúde de estágio e dos respetivos orientadores, é da responsabilidade da Ordem.

Artigo 106º – Duração do estágio profissional

1 – O período de estágio profissional tem a duração de 12 meses, nos quais se incluem 22 dias úteis de férias.

2 – O estagiário deve, durante o período de estágio, dedicar ao exercício de atividades específicas da medicina a sua atividade profissional durante toda a semana de trabalho e está impedido de acumular outras funções, salvo funções docentes.

3 – É considerada atividade específica da medicina, designadamente, a atividade de médico estagiário junto do estabelecimento ou serviço de saúde recetor do estágio, o trabalho desenvolvido com o orientador de estágio, a frequência de cursos de formação, a assistência de seminários e confe-

rências organizadas ou certificadas pela Ordem e o estudo de matérias relacionadas com atividades desenvolvidas no âmbito do estágio profissional.

4 – O início do período de estágio coincide com o início de funções num estabelecimento ou serviço de saúde.

Artigo 107º – Regime de estágio

1 – Os estagiários são colocados nos locais de formação mediante a celebração de um contrato de estágio.

2 – Ao estagiário é concedida, mensalmente, uma bolsa de estágio, atribuída pelo estabelecimento ou serviço de saúde onde realiza o estágio profissional.

3 – Aos médicos estagiários aplica-se, com as necessárias adaptações, o regime de férias, faltas e licenças, com ou sem perda de remuneração, em vigor para a carreira médica.

4 – O regime e o horário de atividade dos estagiários são estabelecidos e programados em termos idênticos ao dos médicos integrados na carreira médica.

5 – A prestação em serviço de urgência ou similar, que ultrapasse as 12 horas semanais, não deve prejudicar os objetivos fixados para o estágio profissional.

6 – Durante o estágio, o estagiário deve beneficiar de seguro de acidentes pessoais e de seguro profissional, a contratar pelo próprio ou pela entidade recetora.

7 – Todo o estágio profissional carece de um local de estágio.

8 – A Ordem deve promover a criação de locais de estágio, celebrando protocolos de estágio profissional com estabelecimentos e serviços de saúde reconhecidos pela Ordem como idóneos e com capacidade para o efeito.

Artigo 108º – Suspensão do período de estágio profissional

1 – O estagiário pode, em virtude de motivos atendíveis, devidamente justificados, requerer à Ordem a suspensão do seu período de estágio, devendo, desde logo, indicar a duração previsível da suspensão.

2 – A suspensão, em qualquer caso, não pode exceder a duração máxima de 12 meses, seguidos ou interpolados.

3 – Em caso de gravidez, maternidade e paternidade, o período de 12 meses referido no número anterior pode ser prorrogado, caso o estagiário o requeira e demonstre a respetiva necessidade.

Artigo 109º – Prorrogação do período de estágio profissional

1 – O período de estágio profissional pode ser prorrogado, mediante requerimento fundamentado, dirigido pelo estagiário à Ordem e acompanhado de parecer favorável do orientador de estágio.

2 – A prorrogação só pode ser concedida uma vez e por período não superior a seis meses.

Artigo 110º – Exame final e conclusão do estágio

1 – Quando o estagiário concluir o período de duração do estágio profissional, deve realizar, perante um júri nacional, um exame que pode consistir na realização de uma prova escrita e de uma prova oral, onde são avaliados os conhecimentos teóricos e práticos do médico estagiário.

2 – O júri atribui ao candidato, fundamentadamente, e em função das provas, a classificação final de «Aprovado» ou «Não aprovado».

3 – O júri referido nos números anteriores tem âmbito nacional e é nomeado pelo conselho nacional, ouvido o conselho nacional de pós-graduação.

4 – A data de conclusão do estágio profissional corresponde à data em que é atribuída ao estagiário, por maioria de votos dos membros do júri e homologada pelo conselho nacional, a classificação de «Aprovado».

Artigo 111º – Caducidade da inscrição

1 – A inscrição do estagiário na Ordem caduca no caso de o estagiário obter no exame final a classificação de «Não aprovado».

2 – A caducidade da inscrição na Ordem enquanto estagiário não obsta a nova inscrição e a nova realização de estágio profissional.

Artigo 112º – Exercício autónomo e inscrição como médico

1 – Após a conclusão do estágio profissional e aprovação no exame, a Ordem reconhece ao candidato autorização para o exercício autónomo da medicina, sem qualquer tipo de tutela.

2 – O candidato deve solicitar, junto da Ordem, a sua inscrição como médico.

Artigo 113º – Cédula profissional

1 – A cada médico é entregue a respetiva cédula profissional, a qual serve de prova da inscrição na Ordem.

2 – Compete ao conselho nacional definir as características das cédulas profissionais, incluindo o respetivo prazo de validade e o modelo a que devem obedecer, bem como outros elementos que considere adequados para a identificação dos médicos.

3 – O médico no exercício das respetivas funções deve obrigatoriamente fazer prova da sua inscrição, através de cédula profissional válida, a ser exibida ou junta por fotocópia, consoante os casos, ou através de outro elemento de identificação adequado, para tanto aprovado pelo conselho nacional.

4 – O médico suspenso ou com a inscrição cancelada deve restituir a cédula profissional ao conselho regional em que esteja inscrito.

5 – Pela expedição de cada cédula profissional é cobrada pelos conselhos regionais a quantia fixada pelo conselho nacional, que constitui receita da Ordem.

Artigo 114º – Direito de estabelecimento

1 – O reconhecimento das qualificações profissionais de nacional de Estado membro da União Europeia ou do Espaço Económico Europeu obtidas fora de Portugal para a sua inscrição como membro da Ordem é regulado pela Lei nº 9/2009, de 4 de março, alterada pelas Leis nºs 41/2012, de 28 de agosto, e 25/2014, de 2 de maio, sem prejuízo de condições especiais de reciprocidade caso as qualificações em causa tenham sido obtidas fora da União Europeia ou do Espaço Económico Europeu.

2 – O profissional que pretenda inscrever-se na Ordem nos termos do número anterior e que preste serviços, de forma subordinada ou autónoma ou na qualidade de sócio ou que atue como gerente ou administrador no Estado membro de origem, no âmbito de organização associativa de profissionais, observado o disposto no nº 4 do artigo 37º da Lei nº 2/2013, de 10 de janeiro, deve identificar a organização em causa no pedido apresentado nos termos do artigo 47º da Lei nº 9/2009, de 4 de março, alterada pelas Leis nºs 41/2012, de 28 de agosto, e 25/2014, de 2 de maio.

3 – Caso o facto a comunicar nos termos do número anterior ocorra após a apresentação do pedido de reconhecimento de qualificações, deve a organização associativa em causa ser identificada perante a Ordem no prazo máximo de 60 dias.

Artigo 115º – Livre prestação de serviços

1 – Os profissionais legalmente estabelecidos noutro Estado membro da União Europeia ou do Espaço Económico Europeu e que aí desenvolvam atividades comparáveis à atividade profissional de médico regulada pelo presente Estatuto, podem exercê-las, de forma ocasional e esporádica, em território nacional, em regime de livre prestação de serviços, nos termos da Lei nº 9/2009, de 4 de março, alterada pelas Leis nºs 41/2012, de 28 de agosto, e 25/2014, de 2 de maio.

2 – Os profissionais referidos no número anterior podem fazer uso do título profissional de médico e são equiparados a médico, para todos os efeitos legais, exceto quando o contrário resulte das disposições em causa.

3 – O profissional que preste serviços, de forma subordinada ou autónoma ou na qualidade de sócio ou que atue como gerente ou administrador no Estado membro de origem, no âmbito de organização associativa de profissionais e pretenda exercer a sua atividade profissional em território nacional nessa qualidade, em regime de livre prestação de serviços, deve identificar perante a Ordem a organização associativa, por conta da qual presta serviços, na declaração referida no artigo 5º da Lei nº 9/2009, de 4 de março, alterada pelas Leis nºs 41/2012, de 28 de agosto, e 25/2014, de 2 de maio.

Artigo 116º – Sociedades de profissionais

1 – Os médicos estabelecidos em território nacional podem exercer em grupo a profissão desde que constituam ou ingressam como sócios em sociedades profissionais de médicos.

2 – Podem ainda ser sócios de sociedades profissionais de médicos:

a) Sociedades profissionais de médicos previamente constituídas e inscritas como membros da Ordem;

b) Organizações associativas de profissionais equiparados a médicos constituídas noutro Estado membro da União Europeia ou do Espaço Económico Europeu, cujo capital e direitos de voto caiba maioritariamente aos profissionais em causa.

3 – O juízo de equiparação a que se refere a alínea b) do número anterior é regido:

a) Quanto a nacionais de Estado membro da União Europeia ou do Espaço Económico Europeu, pelo nº 4 do artigo 1º da Lei nº 9/2009, de 4 de março, alterada pelas Leis nºs 41/2012, de 28 de agosto, e 25/2014, de 2 de maio;

b) Quanto a nacionais de países terceiros cujas qualificações tenham sido obtidas fora de Portugal, pelo regime de reciprocidade internacionalmente vigente.

4 – As sociedades de médicos gozam dos direitos e estão sujeitas aos deveres aplicáveis aos profissionais membros da Ordem que sejam compatíveis com a sua natureza, estando nomeadamente sujeitas aos princípios e regras deontológicos constantes do presente Estatuto.

5 – Os membros dos órgãos executivos das sociedades profissionais de médicos, independentemente da sua qualidade de membros da Ordem, devem respeitar os princípios e regras deontológicos, a autonomia técnica e científica e as garantias conferidas aos médicos pela lei e pelo presente Estatuto.

6 – Às sociedades profissionais de médicos não é reconhecida capacidade eleitoral.

7 – As sociedades de médicos podem ainda exercer quaisquer outras atividades, que não sejam incompatíveis com a atividade de medicina, nem em relação às quais se verifique impedimento nos termos do presente Estatuto, não estando essas atividades sujeitas ao controlo da Ordem.

8 – A constituição e o funcionamento de sociedades de profissionais consta de diploma próprio.

Artigo 117º – Organizações associativas de profissionais de outros Estados membros

1 – As organizações associativas de profissionais equiparados a médicos constituídas noutro Estado membro da União Europeia ou do Espaço Económico Europeu para o exercício da atividade profissional, cujo gerente ou administrador seja um profissional cujo capital com direito de voto caiba maioritariamente aos profissionais em causa e ou a outras organizações associativas cujo capital e direitos de voto caibam maioritariamente àqueles profissionais, podem inscrever as respetivas representações permanentes em Portugal, constituídas nos termos da lei comercial, como membros da Ordem, sendo, enquanto tal, equiparadas a sociedades de médicos para efeitos da presente lei.

2 – Os requisitos de capital referidos no número anterior não são aplicáveis caso a organização associativa não disponha de capital social, aplicando-se, em seu lugar, o requisito de atribuição da maioria de direitos de voto aos profissionais ali referidos.

3 – O juízo de equiparação a que se refere o nº 1 é regido:

a) Quanto a nacionais de Estado membro da União Europeia ou do Espaço Económico Europeu, pelo nº 4 do artigo 1º da Lei nº 9/2009, de 4 de março, alterada pelas Leis nºs 41/2012, de 28 de agosto, e 25/2014, de 2 de maio;

b) Quanto a nacionais de países terceiros cujas qualificações tenham sido obtidas fora de Portugal, pelo regime de reciprocidade internacionalmente vigente.

4 – O regime jurídico de inscrição das organizações associativas de profissionais de outros Estados membros consta do diploma que regula a constituição e funcionamento das sociedades de profissionais.

5 – Às organizações associativas de profissionais de outros Estados membros não é reconhecida capacidade eleitoral.

Artigo 118º – Outros prestadores

As pessoas coletivas que prestem serviços médicos e não se constituam sob a forma de sociedades de profissionais e não se pretendam inscrever nos termos do artigo anterior, não carecem de inscrição na Ordem, sendo obrigatória a inscrição na Ordem dos profissionais que naquelas exercem a respetiva atividade, nos termos do presente Estatuto.

Artigo 119º – Suspensão da inscrição

1 – A inscrição na Ordem é suspensa a requerimento do interessado, dirigido ao conselho regional, quando pretenda interromper temporariamente o exercício da profissão.

2 – O requerimento a que se refere o número anterior deve ser fundamentado e acompanhado da respetiva cédula profissional, bem como do comprovativo da regularização do pagamento das respetivas quotas até à data da pretendida suspensão.

3 – A inscrição é, ainda, suspensa aos médicos a quem tenha sido aplicada a sanção de suspensão ou àqueles a quem tenha sido aplicada a suspensão preventiva, bem como nos demais casos previstos no presente Estatuto.

4 – A suspensão da inscrição impossibilita o exercício da profissão pelo médico e desonera-o do pagamento de quotas durante o período da sua duração.

5 – O período de suspensão a que se refere o nº 1 não pode ser inferior a seis meses, salvo justificação especial apresentada pelo requerente e aprovada pelo conselho regional.

6 – A suspensão da inscrição apenas produz efeitos após a notificação da respetiva deliberação ao médico, ressalvados os casos em que o conselho regional decida atribuir-lhe eficácia retroativa.

Artigo 120º – Levantamento da suspensão

A suspensão da inscrição é levantada:

a) A requerimento do interessado, nos casos previstos no nº 1 do artigo anterior;

b) Quando cessar o período de suspensão referido no nº 3 do artigo anterior.

Artigo 121º – Cancelamento da inscrição

É cancelada a inscrição:

a) Aos médicos que sejam punidos disciplinarmente com sanção de expulsão;

b) Aos que o solicitarem, desde que entreguem a cédula profissional e não tenham quotas em dívida ou as liquidem;

c) Nos demais casos expressamente previstos no presente Estatuto e nos regulamentos.

Artigo 122º – Averbamentos à inscrição

1 – São averbados ao registo de inscrição:

a) A conversão da inscrição provisória em definitiva;

b) O seu cancelamento, com indicação do facto que o motivar;

c) A suspensão da inscrição;

d) Qualquer sanção disciplinar, depois do trânsito em julgado da respetiva decisão;

e) O levantamento da suspensão, com indicação do facto que a motivar;

f) Os cargos que o interessado exercer ou tiver exercido na Ordem;

g) As alterações de domicílio e quaisquer outros factos relevantes.

2 – As certidões de inscrição não contêm os averbamentos das sanções disciplinares, salvo quando requeridas na íntegra pelo interessado ou quando se trate de sanções de suspensão ou expulsão durante a sua execução.

Artigo 123º – Inscrição nos colégios

1 – A inscrição nos colégios de especialidade e respetivas secções é requerida ao conselho regional da área em que o médico se encontra inscrito.

2 – A instrução do pedido de inscrição é objeto de regulamento interno da Ordem.

Artigo 124º – Requisitos para inscrição nos colégios de especialidade

São inscritos nos colégios de especialidade os médicos que:

a) Comprovem ter sido aprovados no exame final do internato médico, nos termos da legislação aplicável;

b) Sejam aprovados em exame da especialidade realizado perante júri designado pela Ordem;

c) Obtenham o reconhecimento automático da respetiva qualificação profissional, nos termos da legislação nacional e europeia relativa a qualificações profissionais;

d) Obtenham o reconhecimento, de acordo com o sistema geral, da respetiva qualificação profissional, nos termos da legislação nacional e europeia relativa a qualificações profissionais;

e) Obtenham a equivalência, por apreciação curricular, do respetivo título.

Artigo 125º – Procedimento de inscrição nos colégios de especialidade

1 – Os pedidos de inscrição nos colégios de especialidade, que tenham por fundamento a conclusão, com aproveitamento, do internato médico ou um título de especialista que beneficie do regime de reconhecimento automático, nos termos da legislação nacional e comunitária, são apreciados pelo conselho regional.

2 – Os demais pedidos de inscrição nos colégios são apreciados por um júri nacional, designado pelo conselho nacional, sob proposta do respetivo colégio.

3 – Na sua apreciação, o júri compara, obrigatoriamente, a formação e a experiência demonstradas pelo requerente e aquela que é exigida pela legislação nacional para a atribuição do título de especialista em causa.

4 – O parecer do júri é fundamentado e pode concluir que:

a) Estão reunidas as condições para a atribuição do título de especialista, porque não se verificam diferenças substanciais entre a formação e a experiência demonstradas e aquelas que são exigidas aos médicos portugueses;

b) O requerente deve realizar estágio de formação complementar em serviço idóneo, por ter formação comprovada de duração inferior em, pelo menos, um ano, à exigida em Portugal, ou porque a formação comprovada do requerente abrangeu matérias substancialmente diferentes das que são abrangidas pelo título de especialista em Portugal;

c) O requerente dever realizar exame da especialidade perante júri designado pela Ordem, por ter formação comprovada de duração menor à exigida em Portugal, mas inferior a um ano.

5 – Emitido o parecer a que se refere o número anterior, o processo é presente ao conselho nacional para homologação, sem prejuízo da aplicação do Código do Procedimento Administrativo sempre que se mostre necessário.

6 – Da deliberação do conselho nacional que recuse a inscrição cabe recurso para o conselho superior e para os Tribunais Administrativos, nos termos gerais.

Artigo 126º – Exame de especialidade

1 – Os exames finais de especialidade constam obrigatoriamente de uma prova curricular e de provas teórico-práticas.

2 – A prova curricular consiste na verificação, avaliação e discussão do currículo do candidato.

3 – A duração total da prova curricular não deve exceder duas horas e meia.

Artigo 127º – Prova prática nas especialidades clínicas

1 – A cada candidato é atribuído um doente, sorteado de um conjunto previamente escolhido, dispondo o médico de hora e meia para o observar, podendo executar as técnicas não invasivas da especialidade que forem adequadas e possíveis.

2 – Após a observação referida no número anterior o médico deve elaborar um relatório do qual consta a história clínica, o exame objetivo e o diagnóstico clínico provisório, bem como a sua justificação, terminando com a requisição escrita dos exames complementares que julgar convenientes para o diagnóstico definitivo.

3 – Para a elaboração do relatório indicado, o candidato dispõe de hora e meia.

4 – Recebidos os exames requisitados, o candidato dispõe de uma hora para elaborar relatório final, do qual consta a avaliação dos exames complementares, a discussão do diagnóstico diferencial, a proposta terapêutica e o prognóstico.

5 – Durante o período mencionado no número anterior, o médico pode observar de novo o doente e executar técnicas não invasivas da especialidade que forem adequadas e possíveis.

6 – O júri do exame pode, se considerar que se justifica e antes do início das provas, prolongar um dos períodos indicados por mais uma hora.

7 – O relatório final é lido perante o júri, decorridas que sejam mais de 12 horas após o início da prova.

8 – O relatório final é apreciado por, pelo menos, três dos membros do júri, que dispõem para o efeito de 15 minutos cada um, dispondo o candidato de igual tempo para responder.

Artigo 128º – Prova prática nas especialidades não clínicas

1 – Nas especialidades não clínicas, a prova prática é constituída pela execução de técnicas próprias da especialidade, nomeadamente uma autópsia, exames radiográficos ou laboratoriais, organizados em moldes similares, com as necessárias adaptações, às provas das especialidades clínicas.

2 – A execução da prova é assistida por, pelo menos, um membro do júri.

Artigo 129º – Prova teórica

1 – A prova teórica consiste no interrogatório do candidato por, pelo menos, três membros do júri, sobre temas diferentes.

2 – Cada membro do júri dispõe de um máximo de 15 minutos para efetuar questões, dispondo o candidato de igual tempo para resposta.

3 – A duração total da prova não deve exceder duas horas e meia.

Artigo 130º – Taxas

Pela inscrição na Ordem, nos colégios de especialidades, nas secções de subespecialidades, bem como pela realização de exames e pela emissão da cédula profissional, são devidas taxas.

Artigo 131º – Condições para a realização de estágios de formação profissional

1 – Podem ser atribuídas autorizações para a realização de estágios de formação profissional aos nacionais da Comunidade dos Países de Lín-

gua Portuguesa (CPLP), que reúnam os seguintes requisitos cumulativos:

a) Estejam comprovadamente inscritos como médicos nas autoridades congéneres da Ordem no seu país de origem ou de proveniência, desde que ambos integrem a CPLP;

b) Apresentem o plano dos estágios profissionais, com indicação do seu âmbito, duração e serviços ou unidades onde são realizados, bem como a identificação do médico ou médicos especialistas responsáveis pela orientação dos ditos estágios;

c) Os estágios a realizar decorram em serviços reconhecidos pela Ordem com idoneidade e capacidade formativa.

2 – Os pedidos de concessão das licenças temporárias devem ser dirigidos ao conselho regional da área onde os estágios se realizem e são instruídos, nos termos previstos em regulamento a aprovar pela Ordem.

3 – O disposto nos números anteriores pode ser aplicável à realização de estágios profissionais por nacionais de outros Estados com os quais o Estado Português tenha celebrado acordos de cooperação no domínio da saúde, ouvida a Ordem.

Artigo 132º – Restrições ao exercício de atividade

A atribuição de autorização para a realização de estágios de formação profissional, nos termos previstos no artigo anterior, apenas permite que o seu titular pratique atos médicos no âmbito do respetivo estágio e sempre sob supervisão de médico especialista.

Artigo 133º – Direitos e deveres

Aqueles a quem seja autorizada a realização de estágios de formação profissional têm os direitos e ficam sujeitos aos deveres estabelecidos no presente Estatuto, que não sejam incompatíveis com a sua situação.

Artigo 134º – Registo das autorizações

A Ordem organiza um registo nacional das autorizações concedidas e que estejam em vigor em cada momento.

Artigo 135º – Princípios gerais de conduta

1 – O médico deve exercer a sua profissão de acordo com a leges artis com o maior respeito pelo direito à saúde das pessoas e da comunidade.

2 – O médico, no exercício da sua profissão, tem direito a uma justa remuneração.

3 – O médico deve abster-se de práticas não justificadas pelo interesse do doente ou que pressuponham ou criem falsas necessidades de consumo.

4 – O médico, no exercício da sua profissão, deve, e na medida em que tal não conflitue com o interesse do seu doente, proteger a sociedade, garantindo um exercício consciente, procurando a maior eficácia e eficiência na gestão rigorosa dos recursos existentes.

5 – O médico deve prestar a sua atividade profissional sem qualquer forma de discriminação.

6 – O médico, na medida das suas possibilidades, conhecimentos e experiência, deve, em qualquer lugar ou circunstância, prestar tratamento de urgência a pessoas que se encontrem em perigo imediato, independentemente da sua função específica ou da sua formação especializada.

7 – O exercício do direito à greve não pode violar os princípios da deontologia médica, devendo os médicos assegurar os cuidados inadiáveis aos doentes.

8 – O médico deve cuidar da permanente atualização da sua cultura científica e da sua preparação técnica, sendo dever ético fundamental o exercício profissional diligente e tecnicamente adequado às regras da arte médica.

9 – O médico deve ter comportamento público e profissional adequado à dignidade da sua profissão, sem prejuízo dos seus direitos de cidadania e liberdade individual.

10 – O médico deve prestar os melhores cuidados ao seu alcance, com independência técnica e deontológica.

11 – O médico deve fornecer a informação adequada ao doente e dele obter o seu consentimento livre e esclarecido.

Artigo 136º – Princípio geral da divulgação da atividade médica

1 – Na divulgação da sua atividade profissional, o médico deve nortear-se pelo interesse do doente em abster-se de práticas que pressuponham ou criem falsas necessidades de consumo.

2 – A publicidade da atividade médica deve ser meramente informativa das condições de atendimento ao público e da qualificação profissional do médico cujo título esteja reconhecido pela Ordem.

3 – É vedada aos médicos a divulgação de informação suscetível de ser considerada como garantia de resultados ou que possa ser considerada publicidade enganosa.

Artigo 137º – Princípio geral de colaboração

1 – Seja qual for o seu estatuto profissional, o médico deve, com pleno respeito pelos preceitos deontológicos, apoiar e colaborar com as entidades prestadoras de cuidados de saúde.

2 – O médico pode cessar a sua colaboração, em caso de grave violação dos direitos, liberdades e garantias individuais das pessoas que lhe estão confiadas, ou de grave violação da dignidade, liberdade e independência da sua ação profissional.

3 – O médico pode, ainda, recusar a sua colaboração em situações concretas relativamente às quais invoque o direito à objeção de consciência.

Artigo 138º – Objeção de consciência

1 – O médico tem o direito de recusar a prática de ato da sua profissão quando tal prática entre em conflito com a sua consciência e ofenda os seus princípios éticos, morais, religiosos, filosóficos, ideológicos ou humanitários.

2 – A objeção de consciência é manifestada perante situações concretas, em documento que pode ser registado na Ordem, assinado pelo médico objetor e comunicado ao diretor clínico do estabelecimento de saúde, devendo a sua decisão ser comunicada ao doente, ou a quem no seu lugar prestar o consentimento, em tempo útil.

3 – A objeção de consciência não pode ser invocada em situação urgente e que implique perigo de vida ou grave dano para a saúde, se não houver outro médico disponível a quem o doente possa recorrer.

4 – O médico objetor não pode sofrer qualquer prejuízo pessoal ou profissional pelo exercício do seu direito à objeção de consciência.

Artigo 139º – Segredo profissional

1 – O segredo médico profissional pressupõe e permite uma base de verdade e de mútua confiança e é condição essencial ao relacionamento médico-doente, assentando no interesse moral, social, profissional e ético, tendo em vista a reserva da intimidade da vida privada.

2 – O segredo médico profissional abrange todos os factos que tenham chegado ao conhecimento do médico no exercício da sua profissão ou por causa dela e compreende especialmente:

a) Os factos revelados diretamente pela pessoa, por outrem a seu pedido ou por terceiro com quem tenha contactado durante a prestação de cuidados ou por causa dela;

b) Os factos apercebidos pelo médico, provenientes ou não da observação clínica do doente ou de terceiros;

c) Os factos resultantes do conhecimento dos meios complementares de diagnóstico e terapêutica referentes ao doente;

d) Os factos comunicados por outro médico ou profissional de saúde, obrigado, quanto aos mesmos, a segredo.

3 – A obrigação de segredo profissional existe quer o serviço solicitado tenha ou não sido prestado e seja ou não remunerado.

4 – O segredo profissional mantém-se após a morte do doente.

5 – É expressamente proibido ao médico enviar doentes para fins de diagnóstico ou terapêutica a qualquer entidade não vinculada ao segredo profissional.

6 – Exclui-se do dever de segredo profissional:

a) O consentimento do doente ou, em caso de impedimento, do seu representante legal, quando a revelação não prejudique terceiras pessoas com interesse na manutenção do segredo profissional;

b) O que for absolutamente necessário à defesa da dignidade, da honra e dos legítimos interesses do médico, do doente ou de terceiros, não podendo em qualquer destes casos o médico revelar mais do que o necessário, nem o podendo fazer sem prévia autorização do bastonário;

c) O que revele um nascimento ou um óbito;

d) As doenças de declaração obrigatória.

Artigo 140º – Direitos dos médicos com a Ordem

São direitos dos médicos inscritos na Ordem:

a) Eleger os órgãos da Ordem e candidatar-se às respetivas eleições, ressalvadas as inelegibilidades estabelecidas na lei e no presente Estatuto;

b) Participar nas atividades da Ordem;

c) Beneficiar dos serviços proporcionados pela Ordem, sem qualquer discriminação;

d) Outros previstos na lei e no presente Estatuto.

Artigo 141º – Deveres dos médicos com a Ordem

São deveres dos médicos:

a) Cumprir o disposto no presente Estatuto e demais regulamentos;

b) Cumprir as normas deontológicas que regem o exercício da profissão médica;

c) Participar nas atividades da Ordem e manter-se delas informado, nomeadamente tomando parte nas assembleias ou grupos de trabalho;

d) Desempenhar as funções para que for eleito ou designado;

e) Defender o bom nome e o prestígio da Ordem;

f) Comunicar à Ordem, no prazo de 30 dias, a mudança de qualquer um dos seus domicílios profissional e ou pessoal, ou qualquer outra situação que influa na sua identificação;

g) Participar na formação e na avaliação médica pré e pós-graduada;

h) Pagar as quotas e as taxas.

Artigo 142º – Relações com outros profissionais de saúde

O médico, nas suas relações com os outros profissionais de saúde, deve respeitar a sua independência e dignidade.

Artigo 143º – Dever de cooperação

1 – O médico, nas relações com os seus colaboradores não médicos, deve observar uma conduta de cooperação, mútuo respeito e confiança.

2 – O médico deve assumir a responsabilidade dos atos praticados pelos seus auxiliares, desde que atuem no exato cumprimento das suas diretivas.

Artigo 144º – Desenvolvimento de regras deontológicas

As regras deontológicas dos médicos são objeto de desenvolvimento no código deontológico, a aprovar pela assembleia de representantes.

Artigo 145º – Capacidade para o exercício da profissão médica

1 – Podem ser impedidos de exercer, total ou parcialmente, a sua profissão, os médicos declarados inidóneos ou incapazes.

2 – É instaurado processo para averiguação de idoneidade para o exercício profissional sempre que o médico:

a) Tenha sido condenado por qualquer crime gravemente desonroso, nomeadamente contra a liberdade e autodeterminação sexual;

b) Não esteja no pleno gozo dos direitos civis;

c) Tenha sido condenado, no foro disciplinar da Ordem, em um ou mais processos, por incumprimento grave dos deveres profissionais que lhe são impostos pelo presente Estatuto e respetivos regulamentos.

3 – É instaurado processo para averiguação da incapacidade para o exercício profissional sempre que:

a) O médico tenha sido declarado incapaz de administrar a sua pessoa por sentença transitada em julgado;

b) Seja reconhecida incapacidade física ou mental para o exercício da profissão mediante parecer de uma comissão de peritos especialmente nomeada para o efeito, constituída por cinco membros, sendo dois nomeados pelo conselho regional da secção a que o médico pertença, dois pelo interessado e um pelo conselho superior.

4 – Se o interessado não estiver em condições de fazer a nomeação a que se refere a alínea b) do número anterior, deve a mesma ser feita pela pessoa a quem legalmente caberia a tutela ou curatela nos casos de interdição ou inabilitação judicialmente declaradas [o acompanhante, nos casos de maior acompanhado].

5 – A instauração e o procedimento do processo para averiguação de idoneidade ou incapacidade são idênticos aos do processo disciplinar, com as necessárias adaptações.

6 – A deliberação de falta de idoneidade ou incapacidade para o exercício da profissão só pode ser proferida mediante decisão que obtenha dois terços dos votos de todos os membros do conselho superior.

7 – A recusa de indicação pelo interessado dos peritos referidos no nº 3 não impede a deliberação de falta de idoneidade ou incapacidade para o exercício da profissão.

8 – A deliberação do conselho superior que declare o médico incapaz de exercer parcialmente a profissão estabelece as condições de exercício a aplicar ao caso concreto.

9 – Da deliberação referida no número anterior cabe recurso para os tribunais administrativos.

10 – Os médicos totalmente impedidos de exercer a profissão nos termos dos números anteriores podem, decorridos três anos sobre a data da decisão de impedimento, solicitar a sua reinscrição, sobre a qual decide, com recurso para o conselho superior, o competente conselho regional.

11 – O pedido só é deferido quando, mediante inquérito prévio com audiência do requerente, se comprove a manifesta dignidade do seu com-

portamento nos últimos três anos e se alcance a convicção da sua completa recuperação para o exercício da profissão.

Artigo 146º – Referendo nacional interno

1 – Mediante deliberação da assembleia de representantes, questões de particular relevância para a Ordem e que caibam nas suas atribuições, podem ser submetidas a referendo, com caráter vinculativo ou consultivo.

2 – São obrigatoriamente submetidas a referendo interno as propostas de dissolução da Ordem e de alienação do património imobiliário da Ordem afeto ao uso dos órgãos nacionais.

3 – A realização de referendos é obrigatoriamente precedida da verificação da sua conformidade legal ou estatutária, pelo conselho superior.

Artigo 147º – Referendo regional interno

1 – Mediante deliberação do conselho regional, questões de particular relevância para a respetiva região e que caibam nas suas atribuições podem ser submetidas a referendo, com caráter vinculativo ou consultivo.

2 – São obrigatoriamente submetidas a referendo interno, com caráter vinculativo, as propostas de alienação ou oneração do património imobiliário afeto ao uso das secções regionais e das sub-regiões.

3 – A realização de referendos regionais é obrigatoriamente precedida da verificação da sua conformidade legal ou estatutária, pelo conselho superior.

Artigo 148º – Vinculatividade do referendo

Os resultados dos referendos só são vinculativos caso neles participe a maioria absoluta dos médicos inscritos na Ordem ou, no caso de referendo regional, dos médicos inscritos na respetiva região ou sub-região, e que não tenham a sua inscrição suspensa.

Artigo 149º – Balcão único

1 – Todos os pedidos, comunicações e notificações previstos na presente lei entre a Ordem e os profissionais, as sociedades de médicos ou outras organizações associativas de profissionais para o exercício da medicina, com exceção dos relativos a procedimentos disciplinares, podem ser realizados por meios eletrónicos, através do balcão único eletrónico dos serviços, referido nos artigos 5º e 6º do Decreto-Lei nº 92/2010, de 26 de julho, acessível através do sítio na Internet da Ordem.

2 – Quando, por motivos de indisponibilidade das plataformas eletrónicas, não for possível o cumprimento do disposto no número anterior, a transmissão da informação em apreço pode ser feita por entrega nos serviços da Ordem, por remessa pelo correio sob registo, por telecópia ou por correio eletrónico.

3 – A apresentação de documentos em forma simples nos termos dos números anteriores dispensa a remessa dos documentos originais, autênticos, autenticados ou certificados, sem prejuízo do disposto na alínea a) do nº 3 e nos nºs 4 e 5 do artigo 7º do Decreto-Lei nº 92/2010, de 26 de julho.

4 – São ainda aplicáveis aos procedimentos referidos no presente artigo o disposto nas alíneas d) e e) do artigo 5º e no nº 1 do artigo 7º do Decreto-Lei nº 92/2010, de 26 de julho.

Artigo 150º – Sistema de Certificação de Atributos Profissionais

1 – A Ordem faculta aos seus médicos mecanismos eletrónicos de certificação da qualidade de membro, bem como dos respetivos títulos profissionais atribuídos.

2 – Quando não for possível o cumprimento do disposto no número anterior, por motivos de indisponibilidade das plataformas eletrónicas, bem como nos casos em que o interessado não disponha de meios que lhe permitam aceder às mesmas, a prova da qualidade de médicos e respetivos títulos profissionais é feita pela exibição da cédula profissional ou de certidão comprovativa.

Artigo 151º – Pessoal

1 – Aos trabalhadores da Ordem é aplicável o regime previsto no Código do Trabalho e o disposto nos números seguintes.

2 – A celebração de contrato de trabalho deve ser precedida de um processo de seleção que obedeça aos princípios da igualdade, da transparência, da publicidade e da fundamentação com base em critérios objetivos de seleção.

3 – As regras a que deve obedecer o processo de seleção constam de regulamentos internos.

Artigo 152º – Orçamento, gestão financeira e contratos públicos

1 – A Ordem tem orçamento próprio.

2 – A Ordem está sujeita:

a) Às regras de equilíbrio orçamental e de limitação do endividamento estabelecidas em diploma próprio;

b) Ao regime do Código dos Contratos Públicos;

c) Ao regime da normalização contabilística para as entidades do setor não lucrativo, que integra o Sistema de Normalização Contabilística.

3 – O Estado não garante as responsabilidades financeiras da Ordem, nem é responsável pelas suas dívidas.

Artigo 153º – Orçamento nacional

1 – O orçamento dos órgãos nacionais da Ordem é proposto pelo conselho nacional e aprovado pela assembleia de representantes.

2 – O orçamento nacional procede, ainda e obrigatoriamente, à integração de todos os orçamentos.

3 – As despesas dos órgãos nacionais são comparticipadas por cada das secções regionais de acordo com a proporção dos médicos nelas inscritas.

Artigo 154º – Orçamentos dos órgãos regionais

1 – Os orçamentos dos órgãos regionais e locais são propostos pelos respetivos órgãos executivos e aprovados pela respetiva assembleia.

2 – Os órgãos regionais, incluindo os das regiões autónomas, devem enviar, até ao dia 15 de novembro de cada ano, os respetivos orçamentos, devidamente aprovados ao conselho nacional.

3 – O orçamento nacional deve ser aprovado até ao dia 31 de dezembro de cada ano.

Artigo 155º – Receitas

1 – São receitas da Ordem:

a) As quotas dos seus membros;

b) As taxas cobradas pela prestação de serviços, nomeadamente pelas provas de comunicação médica e de autonomia, júris de exames, certificação eletrónica, auditorias, certidões, laudos de honorários, pareceres dos órgãos técnicos e consultivos;

c) Os rendimentos do respetivo património;

d) O produto de heranças, legados e doações;

e) O produto de publicações, colóquios, congressos e prestações de serviços, permanentes ou ocasionais, levados a cabo pela Ordem;

f) Outras receitas previstas na lei e regulamentos.

2 – O Estado só pode financiar a Ordem quando se trate da contrapartida de serviços determinados, estabelecidos mediante protocolo e não compreendidos nas suas incumbências legais.

3 – As deliberações sobre a fixação das quotas e das taxas são aprovadas pela assembleia de representantes, por maioria absoluta, sob proposta do conselho nacional, na base de um estudo que fundamente adequadamente os montantes propostos, e observados os requisitos substantivos previstos na lei geral sobre as taxas e outras contribuições da Administração Pública.

4 – A cobrança dos créditos resultantes das receitas previstas nas alíneas a) e b) do nº 1 segue o processo de execução tributária.

Artigo 156º – Cobrança de receitas

1 – As quotas são cobradas por cada uma das respetivas regiões, sobre elas impendendo os deveres de:

a) Comparticiparem, proporcionalmente, no orçamento nacional;

b) Contribuírem com o mínimo de 2% do valor das quotas efetivamente cobrado para o Fundo de Solidariedade da Ordem.

2 – Todas as demais receitas são cobradas pelos órgãos executivos que assegurem a prestação do serviço.

3 – Os rendimentos do património, o produto de heranças, legados e doações e todas as demais contribuições são cobradas e integradas no orçamento nacional e ou regional, consoante constituam rendimentos do património nacional ou regional.

Artigo 156º-A – Património imobiliário

1 – O património da Ordem é gerido e administrado a nível nacional e regional, consoante a afetação do respetivo uso.

2 – Os atos de alienação, oneração e aquisição de bens imóveis dependem de proposta do conselho nacional e de aprovação pela assembleia de representantes, por uma maioria de três quartos dos membros efetivos.

Artigo 157º – Serviços

1 – A Ordem possui os serviços operacionais e técnicos necessários para a prossecução das suas atribuições, sem prejuízo da possibilidade de externalização de tarefas.

2 – A Ordem pode estabelecer acordos de cooperação com os serviços de inspeção da Administração Pública, para o desempenho da tarefa de

fiscalização do cumprimento dos deveres profissionais por parte dos seus membros.

3 – Podem ser estabelecidos acordos de cooperação com os serviços de inspeção indicados no número anterior, que visem impedir o exercício ilegal da profissão, nomeadamente por quem não reúna as qualificações legalmente estabelecidas.

Artigo 158º – Tutela administrativa

Os poderes de tutela administrativa sobre a Ordem, em conformidade com o artigo 45º da Lei nº 2/2013, de 10 de janeiro, e no respetivo Estatuto, são exercidos pelo membro do Governo responsável pela área da saúde.

Artigo 159º – Fiscalização pelo Tribunal de Contas

A Ordem está sujeita à jurisdição do Tribunal de Contas, nos termos estabelecidos na Lei de Organização e Processo e no Regulamento Geral do Tribunal de Contas.

Artigo 160º – Relatório anual e deveres de informação

1 – A Ordem elabora anualmente um relatório sobre a prossecução das suas atribuições, o qual deve ser apresentado à Assembleia da República e ao Governo, até 31 de março de cada ano.

2 – A Ordem presta à Assembleia da República e ao Governo toda a informação que lhe seja solicitada relativamente à prossecução das suas atribuições.

3 – O bastonário da Ordem e os presidentes dos conselhos regionais devem responder ao pedido das comissões parlamentares competentes para prestarem as informações, bem como prestar esclarecimentos que estas lhes solicitem.

Artigo 161º – Símbolos

O emblema, estandarte e sinete da Ordem só podem ser modificados ou alterados por referendo, sob proposta da assembleia de representantes.

Regras Disciplinares

Anexo a que se referem o nº 2 do artigo 63º e o nº 2 do artigo 68º do Estatuto da OM – Aprovado pela Lei nº 117/2015, de 31 de agosto

Artigo 1º – Infração disciplinar

1 – Considera-se infração disciplinar toda a ação ou omissão que consista em violação por qualquer membro da Ordem dos deveres consignados no Estatuto da Ordem, no presente anexo e nos respetivos regulamentos.

2 – A infração disciplinar é:

a) Leve, quando o arguido viole de forma negligente os deveres profissionais a que se encontra adstrito no exercício da profissão;

b) Grave, quando o arguido viole com dolo ou culpa grave os deveres profissionais a que se encontra adstrito no exercício da profissão;

c) Muito grave, quando o arguido viole os deveres profissionais a que está adstrito no exercício da profissão, afetando com a sua conduta, de forma grave, a dignidade e o prestígio da profissão.

3 – As infrações disciplinares previstas no presente anexo e demais disposições legais e regulamentares aplicáveis são puníveis a título de dolo ou negligência.

Artigo 2º – Jurisdição disciplinar

1 – Os membros da Ordem estão sujeitos ao poder disciplinar dos seus órgãos nos termos previstos no Estatuto, no presente anexo e no regulamento disciplinar.

2 – A suspensão ou o cancelamento da inscrição na Ordem não faz cessar a responsabilidade disciplinar por infrações anteriormente praticadas pelo membro da Ordem.

3 – Durante o tempo de suspensão da inscrição o membro continua sujeito ao poder disciplinar da Ordem.

4 – A punição com a sanção de expulsão não faz cessar a responsabilidade disciplinar do membro da Ordem relativamente às infrações por ele cometidas antes da decisão definitiva que tenha aplicado aquela sanção.

Artigo 3º – Independência da responsabilidade disciplinar dos membros da Ordem

1 – A responsabilidade disciplinar é independente da responsabilidade civil e criminal decorrente da prática do mesmo facto e coexiste com qualquer outra prevista na lei.

2 – A responsabilidade disciplinar perante a Ordem coexiste com qualquer outra prevista por lei.

3 – O processo disciplinar é promovido independentemente de qualquer outro e nele se resolvem todas as questões que interessarem à decisão da causa, sem prejuízo da sua apreciação, nos termos legais, para outros efeitos.

4 – Quando, com fundamento nos mesmos factos, tiver sido instaurado processo penal contra membro da Ordem e, para se conhecer da existência de uma infração disciplinar, for necessário julgar qualquer questão que não possa ser convenientemente resolvida no processo disciplinar, pode ser ordenada a suspensão do processo disciplinar durante o tempo em que, por força de decisão jurisdicional ou de apreciação jurisdicional de qualquer questão, a marcha do correspondente processo não possa começar ou continuar a ter lugar.

5 – A suspensão do processo disciplinar, nos termos do número anterior, é comunicada pela Ordem à autoridade judiciária competente, a qual deve ordenar a remessa à Ordem de cópia do despacho de acusação e, se a ele houver lugar, do despacho de pronúncia.

6 – Logo que a Ordem tenha conhecimento da decisão ou apreciação jurisdicional referida no nº 4 e quando não tenha havido lugar à resolução da questão, esta é decidida no processo disciplinar.

7 – Sempre que, em processo penal contra membro, for designado dia para a audiência de julgamento, o tribunal deve ordenar a remessa à

Ordem, preferencialmente por via eletrónica, do despacho de acusação ou do despacho de pronúncia, bem como quaisquer outros elementos solicitados pelo órgão disciplinar competente.

8 - A responsabilidade disciplinar dos membros perante a Ordem, decorrente da prática de infrações, é independente da responsabilidade disciplinar por violação dos deveres emergentes de relações de trabalho.

Artigo 4º - Responsabilidade disciplinar dos profissionais em livre prestação de serviços

Os profissionais que prestem serviços em território nacional em regime de livre prestação são equiparados aos membros da Ordem, para efeitos disciplinares, nos termos do nº 2 do artigo 4º da Lei nº 9/2009, de 4 de março, alterada pelas Leis nºs 41/2012, de 28 de agosto, e 25/2014, de 2 de maio, com as especificidades constantes do nº 8 do artigo 13º e do regulamento disciplinar.

Artigo 5º - Responsabilidade disciplinar das sociedades profissionais

As pessoas coletivas membros da Ordem estão sujeitas ao poder disciplinar dos órgãos desta última nos termos do Estatuto da Ordem, do presente anexo e da lei que regula a constituição e o funcionamento das sociedades de profissionais.

Artigo 6º - Prescrição do procedimento disciplinar

1 - O direito a instaurar o procedimento disciplinar prescreve no prazo de cinco anos, a contar da prática do ato, ou do último ato em caso de prática continuada.

2 - Se a infração disciplinar constituir simultaneamente infração criminal para a qual a lei estabeleça prescrição sujeita a prazo mais longo, o procedimento disciplinar apenas prescreve após o decurso deste último prazo.

3 - O prazo de prescrição do procedimento disciplinar corre desde o dia em que o facto se tiver consumado.

4 - O prazo de prescrição só corre:

a) Nas infrações instantâneas, desde o momento da sua prática;

b) Nas infrações continuadas, desde o dia da prática do último ato;

c) Nas infrações permanentes, desde o dia em que cessar a consumação.

5 – O procedimento disciplinar também prescreve se, desde o conhecimento pelo órgão competente para a instauração do mesmo ou desde a participação efetuada nos termos do nº 1 do artigo 10º, não se iniciar o procedimento disciplinar competente no prazo de um ano.

6 – O prazo de prescrição do procedimento disciplinar suspende-se durante o tempo em que o procedimento disciplinar estiver suspenso, a aguardar despacho de acusação ou de pronúncia em processo penal ou uma decisão de primeira instância, dependendo da complexidade do processo.

7 – O prazo de prescrição volta a correr a partir do dia em que cessar a causa da suspensão.

8 – O prazo de prescrição do procedimento disciplinar, referido nos nºs 1 e 5, interrompe-se com a notificação ao arguido:

a) Da instauração do procedimento disciplinar;

b) Da acusação.

9 – A prescrição do procedimento disciplinar tem sempre lugar quando, desde o seu início e ressalvado o tempo de suspensão, tiver decorrido o prazo normal da prescrição acrescido de metade.

Artigo 7º – Cessação da responsabilidade disciplinar

1 – Durante o tempo de suspensão da inscrição o membro da Ordem continua sujeito ao poder disciplinar da Ordem.

2 – O cancelamento da inscrição não faz cessar a responsabilidade disciplinar por infrações anteriormente praticadas.

Artigo 8º – Exercício da ação disciplinar

1 – Têm legitimidade para participar à Ordem factos suscetíveis de constituir infração disciplinar:

a) Os órgãos executivos da Ordem;

b) Qualquer pessoa, independentemente de ser direta ou indiretamente afetada pelos factos participados;

c) O Ministério Público, nos termos do nº 3.

2 – Os tribunais e quaisquer autoridades devem dar conhecimento à Ordem da prática, por parte de membros da Ordem, de factos suscetíveis de constituir infração disciplinar.

3 – O Ministério Público e os órgãos de polícia criminal remetem à Ordem certidão das denúncias, participações ou queixas apresentadas contra membros da Ordem e que possam consubstanciar factos suscetíveis de constituir infração disciplinar.

Artigo 9º – Desistência da participação

A desistência da participação disciplinar pelo interessado extingue o processo disciplinar, salvo se a infração imputada afetar a dignidade do membro visado e, neste caso, este manifeste intenção de continuação do processo, ou o prestígio da Ordem ou da profissão, em qualquer uma das suas especialidades.

Artigo 10º – Instauração do processo disciplinar

1 – O procedimento disciplinar é instaurado:

a) Por deliberação do conselho disciplinar competente, com base em participação dirigida à Ordem pelo próprio queixoso ou pelo seu representante legal, sempre que seja necessário averiguar matéria sujeita a segredo, ou, noutros casos, por qualquer pessoa ou entidade devidamente identificada, que tenha conhecimento de facto suscetível de integrar infração disciplinar;

b) Por decisão do presidente do conselho superior ou do presidente do conselho disciplinar competente, independentemente de participação.

2 – Havendo participação, ou de acordo com o disposto na alínea b) do número anterior, o presidente do conselho disciplinar competente pode, se assim o entender, começar por instaurar um processo de averiguação sumária, tendo em vista um melhor esclarecimento dos factos, só depois decidindo se é ou não de instaurar processo disciplinar.

3 – A instauração de processo disciplinar não implica qualquer pré-juízo de culpa, gozando o médico arguido da presunção legal de inocência até prova em contrário.

Artigo 11º – Legitimidade processual

As pessoas com interesse direto, pessoal e legítimo relativamente aos factos participados, podem solicitar à Ordem a sua intervenção no processo, requerendo e alegando o que tiverem por conveniente.

Artigo 12º – Direito subsidiário

Sem prejuízo do disposto no presente anexo, o procedimento disciplinar rege-se por regulamento disciplinar, sendo subsidiariamente aplicáveis as normas procedimentais previstas na Lei Geral do Trabalho em Funções Públicas, aprovada pela Lei nº 35/2014, de 20 de junho.

Artigo 13º – Sanções disciplinares

1 – As sanções disciplinares são as seguintes:

a) Advertência;

b) Censura;

c) Suspensão até ao máximo de 10 anos;

d) Expulsão.

2 – A sanção prevista na alínea a) do número anterior é aplicada ao membro que cometa infração com culpa leve e consiste em mero reparo pela irregularidade praticada.

3 – A sanção prevista na alínea b) do nº 1 é aplicável a infrações leves, praticadas com negligência, e consiste num juízo de reprovação ética pela falta cometida.

4 – A sanção prevista na alínea c) do nº 1 é aplicável aos casos de infrações graves, praticadas com negligência grosseira ou dolo eventual, e consiste no afastamento total do exercício da medicina durante o período de aplicação da sanção, constituindo, entre outras, causas de suspensão, as seguintes infrações:

a) Desobediência a determinações da Ordem, quando estas correspondam ao exercício de poderes vinculados conferido por lei;

b) Violação de quaisquer deveres consagrados na lei ou no Estatuto e regulamentos da Ordem e que visem a proteção da vida, da saúde, do bem-estar ou da dignidade das pessoas, quando não lhe deva corresponder sanção superior;

c) Encobrimento do exercício ilegal da medicina;

d) Prática de infração disciplinar que também constitua crime punível com pena de prisão superior a um ano.

5 – A sanção de suspensão de duração superior a cinco anos só pode ser aplicada mediante deliberação que obtenha a maioria de dois terços dos votos de todos os membros efetivos do conselho disciplinar competente.

6 – A sanção prevista na alínea d) do nº 1 é aplicável:

a) Quando tenha sido cometida infração disciplinar com culpa grave que também constitua crime punível com pena de prisão superior a três anos;

b) Quando se verifique incompetência profissional notória, com perigo grave para a integridade física e psíquica ou vida dos pacientes ou da comunidade;

c) Quando ocorra encobrimento ou participação na violação de direitos da personalidade dos doentes;

d) Quando tenha sido cometida infração disciplinar que afete gravemente a dignidade e o prestígio profissional, retirando idoneidade ao médico para o exercício da profissão.

7 – A sanção de expulsão só pode ser aplicada mediante deliberação que obtenha a maioria de dois terços dos votos de todos os membros efetivos do conselho disciplinar competente.

8 – No caso de profissionais em regime de livre prestação de serviços em território nacional, as sanções previstas nos nºs 5 e 6 assumem a forma de interdição temporária ou definitiva do exercício da atividade profissional neste território, consoante os casos, aplicando-se, com as devidas adaptações, o disposto no artigo 32º.

9 – Sempre que a infração resulte da violação de um dever por omissão, o cumprimento das sanções aplicadas não dispensa o arguido do cumprimento daquele, se tal ainda for possível.

Artigo 14º – Graduação

1 – Na aplicação das sanções deve atender-se aos antecedentes profissionais e disciplinares do arguido, ao grau de culpa, à gravidade e às consequências da infração e a todas as demais circunstâncias agravantes ou atenuantes.

2 – São circunstâncias atenuantes:

a) O exercício efetivo da medicina por um período superior a cinco anos, sem qualquer sanção disciplinar;

b) A confissão;

c) A colaboração do arguido para a descoberta da verdade;

d) A reparação espontânea, pelo arguido, dos danos causados pela sua conduta.

3 – São circunstâncias agravantes:

a) A premeditação;

b) O conluio;

c) A reincidência;

d) A acumulação de infrações;

e) A prática de infração disciplinar durante o cumprimento de sanção disciplinar ou de suspensão da respetiva execução;

f) A produção de prejuízo de valor igual ou superior a metade da alçada dos Tribunais da Relação;

g) A prática de quaisquer atos que visem a obtenção de lucros indevidos ou desproporcionados à custa dos doentes;

h) A prática de quaisquer atos que importem prejuízo considerável para terceiros.

4 – Verifica-se a alínea d) do número anterior quando o arguido, antes de decorrido o prazo de três anos sobre a última condenação, tiver cometido infração disciplinar semelhante.

5 – Verifica-se a alínea e) do nº 3 sempre que duas ou mais infrações sejam cometidas simultaneamente ou antes da punição de infração anterior.

6 – Não contando para o efeito as sanções acessórias nos termos do presente anexo não pode ser aplicada ao mesmo arguido mais de uma sanção disciplinar:

a) Por cada infração cometida;

b) Pelas infrações acumuladas que sejam apreciadas num único processo;

c) Pelas infrações apreciadas em mais de um processo, quando apensados.

7 – O conselho superior que, em sede de recurso, tenha confirmado a condenação, pode solicitar ao conselho regional respetivo a suspensão da inscrição do visado, sempre que, a contar da decisão definitiva da multa em que haja sido condenado, este não proceda ao pagamento, no prazo de 15 dias, exigindo ainda a entrega da cédula profissional no mesmo prazo, sem prejuízo da reabilitação quando o visado cumpra a sanção.

Artigo 15º – Aplicação de sanções acessórias

1 – As sanções acessórias são as seguintes:

a) Multa de quantitativo entre duas a 22 vezes o valor da quota anual mais elevada à data da infração;

b) Perda de honorários;

c) Publicidade da sanção.

2 – A sanção de multa consiste no pagamento de um valor pecuniário e é graduada em razão da gravidade da infração e da culpa do arguido e determinada por comportamento praticado em abuso da função ou com grave violação dos deveres que lhe são inerentes ou que revele grave indignidade no exercício da profissão.

3 – A perda de honorários consiste na devolução dos honorários já recebidos que tenham origem no ato médico objeto da infração punida, ou na perda do direito de os receber, se ainda não tiverem sido pagos.

4 – A publicidade da sanção é efetuada em órgãos de comunicação social, de âmbito nacional ou regional, bem como no sítio da Ordem na Internet, sem prejuízo do estabelecido no nº 4 do artigo 22º e determinada por comportamento que revele indignidade no exercício da profissão.

5 – As sanções acessórias só podem ser aplicadas cumulativamente com as sanções disciplinares previstas no artigo 13º.

Artigo 16º – Unidade e acumulação de infrações

Sem prejuízo do disposto no presente anexo quanto às sanções acessórias, não pode aplicar-se ao mesmo membro mais do que uma sanção disciplinar por cada facto punível.

Artigo 17º – Suspensão das sanções

1 – Tendo em consideração o grau de culpa, o comportamento do arguido e as demais circunstâncias da prática da infração, as sanções disciplinares inferiores à suspensão podem ser suspensas por um período compreendido entre três e cinco anos.

2 – Cessa a suspensão da sanção sempre que, relativamente ao membro punido, seja proferido despacho de condenação em novo processo disciplinar.

Artigo 18º – Aplicação das sanções de suspensão e expulsão

1 – O procedimento para aplicação das sanções de suspensão superior a dois anos ou de expulsão pode ser sujeito a audiência pública, nos termos previstos no regulamento disciplinar.

2 – As sanções de suspensão por período superior a dois anos ou de expulsão só podem ser aplicadas por deliberação que reúna a maioria qualificada de dois terços dos membros do órgão disciplinarmente competente.

Artigo 19º – Execução das sanções

1 – Compete ao conselho superior dar execução às decisões proferidas em sede de processo disciplinar, designadamente praticando os atos necessários à efetiva suspensão ou ao cancelamento da inscrição dos membros a quem sejam aplicadas as sanções de suspensão e de expulsão respetivamente, sem prejuízo da colaboração dos órgãos executivos.

2 – A aplicação de sanção de suspensão ou de expulsão implica a proibição temporária ou definitiva, respetivamente, da prática de qualquer ato

profissional e a entrega da cédula profissional na sede da Ordem onde o arguido tenha o seu domicílio profissional, nos casos aplicáveis.

Artigo 20º – Início de produção de efeitos das sanções disciplinares

1 – As sanções disciplinares iniciam a produção dos seus efeitos no dia seguinte àquele em que a decisão se torne definitiva.

2 – Se na data em que a decisão se torna definitiva, estiver suspensa a inscrição do arguido por motivos não disciplinares, o cumprimento da sanção disciplinar de suspensão tem início no dia seguinte ao do levantamento da suspensão.

Artigo 21º – Prazo para pagamento da multa

1 – As multas aplicadas nos termos da alínea a) do nº 1 do artigo 15º devem ser pagas no prazo de 15 dias, a contar do início de produção de efeitos da sanção respetiva.

2 – Ao membro que não pague a multa no prazo referido no número anterior é suspensa a sua inscrição, mediante decisão do órgão disciplinarmente competente, a qual lhe é comunicada.

3 – A suspensão só pode ser levantada após o pagamento da importância em dívida.

Artigo 22º – Comunicação e publicidade

1 – A aplicação de qualquer das sanções previstas nas alíneas c) e d) do nº 1 artigo 13º é comunicada pelo órgão disciplinar competente:

a) À sociedade de profissionais ou organização associativa por conta da qual o arguido prestava serviços à data dos factos;

b) À autoridade competente do Estado membro da União Europeia ou do Espaço Económico Europeu para o controlo da atividade do arguido estabelecido nesse mesmo Estado membro.

2 – Quando a sanção aplicada for de suspensão ou de expulsão, é dada publicidade no sítio da Ordem na Internet e em locais considerados idóneos para o cumprimento das finalidades de prevenção geral do sistema jurídico.

3 – Se for decidida a suspensão preventiva ou aplicada sanção de suspensão ou de expulsão, o conselho nacional deve inserir a correspondente anotação nas listas permanentes de membros divulgada por meios informáticos.

4 – A publicidade das sanções disciplinares, da suspensão preventiva e das sanções acessórias é promovida pelo órgão disciplinarmente competente, sendo efetuada a expensas do arguido.

5 – Sem prejuízo do disposto no número anterior, a Ordem restitui o montante pago pelo arguido para dar publicidade à sua suspensão preventiva sempre que este não venha a ser condenado no âmbito do respetivo procedimento disciplinar.

Artigo 23º – Prescrição das sanções disciplinares

1 – As sanções disciplinares prescrevem nos seguintes prazos, a contar da data em que a decisão se torna inimpugnável:

a) De dois anos, as de advertência e censura;

b) De cinco anos, as de suspensão e de expulsão.

2 – O prazo de prescrição tem início no dia seguinte àquele em que a decisão se torne definitiva.

Artigo 24º – Condenação em processo criminal

1 – Sempre que em processo criminal seja imposta a proibição de exercício da profissão durante um período de tempo determinado, este é deduzido à sanção disciplinar de suspensão que, pela prática dos mesmos factos, vier a ser aplicada ao membro da Ordem.

2 – A condenação de um membro da Ordem em processo criminal é comunicada à Ordem, para efeitos de averbamento ao respetivo cadastro.

Artigo 25º – Obrigatoriedade

A aplicação de uma sanção disciplinar é sempre precedida do apuramento dos factos e da responsabilidade disciplinar em processo próprio, nos termos previstos no presente anexo e no regulamento disciplinar.

Artigo 26º – Formas do processo

1 – A ação disciplinar pode comportar as seguintes formas:

a) Processo de averiguação;

b) Processo disciplinar.

2 – O processo de averiguação é aplicável quando não seja possível identificar claramente a existência de uma infração disciplinar ou o respetivo infrator, impondo-se a realização de diligências sumárias para o esclarecimento ou a concretização dos factos em causa.

3 – O processo disciplinar é aplicável sempre que existam indícios de que determinado membro da Ordem praticou factos devidamente concretizados, suscetíveis de constituir infração disciplinar.

Artigo 27º – Processo disciplinar

1 – O processo disciplinar é regulado no presente anexo e no regulamento disciplinar.

2 – O processo disciplinar é composto pelas seguintes fases:

a) Instrução;

b) Defesa do arguido;

c) Decisão;

d) Execução.

3 – Independentemente da fase do processo disciplinar, são asseguradas ao arguido todas as garantias de defesa nos termos gerais de direito.

Artigo 28º – Suspensão preventiva

1 – Após a audição do arguido, ou se este, tendo sido notificado, não comparecer para ser ouvido, pode ser ordenada a sua suspensão preventiva, mediante deliberação tomada por maioria qualificada de dois terços dos membros do órgão competente da Ordem.

2 – A suspensão a que se refere o número anterior só pode ser decretada nos casos em que haja indícios da prática de infração disciplinar à qual corresponda uma das sanções previstas nas alíneas c) e d) do nº 1 do artigo 13º.

3 – A suspensão preventiva não pode exceder seis meses e é sempre descontada na sanção de suspensão.

Artigo 29º – Natureza secreta do processo

1 – O processo é de natureza secreta até ao despacho de acusação ou arquivamento.

2 – O relator pode autorizar a consulta do processo pelo arguido, pelo participante, ou pelos interessados, quando daí não resulte inconveniente para a instrução e sob condição de não ser divulgado o que dele conste.

3 – O arguido ou o interessado, quando membro da Ordem, que não respeite a natureza secreta do processo, incorre em responsabilidade disciplinar.

Artigo 30º – Decisões recorríveis

1 – Das decisões tomadas em matéria disciplinar cabe recurso para o conselho superior.

2 – Das demais decisões tomadas em matéria disciplinar de que não caiba recurso nos termos do número anterior, cabe recurso administrativo, nos termos gerais de direito.

3 – As decisões de mero expediente ou referentes à disciplina dos trabalhos não são passíveis de recurso nos termos dos números anteriores.

Artigo 31º – Revisão

1 – É admissível a revisão de decisão definitiva proferida pelos órgãos da Ordem com competência disciplinar sempre que:

a) Uma decisão judicial transitada em julgado declarar falsos quaisquer elementos ou meios de prova que tenham sido determinantes para a decisão revidenda;

b) Uma decisão judicial transitada em julgado tiver dado como provado crime cometido por membro ou membros do órgão que proferiu a decisão revidenda e praticado no processo a rever;

c) Os factos que serviram de fundamento à decisão condenatória forem inconciliáveis com os que forem dados como provados noutra decisão definitiva e da oposição resultarem graves dúvidas sobre a justiça da condenação;

d) Se tenham descoberto novos factos ou meios de prova que, por si ou combinados com os que foram apreciados no processo, suscitem graves dúvidas sobre a justiça da decisão condenatória proferida.

2 – A simples alegação de ilegalidade, formal ou substancial, do processo e da decisão disciplinares, não constitui fundamento para a revisão.

3 – A revisão é admissível ainda que o procedimento se encontre extinto ou a sanção prescrita ou cumprida.

4 – O exercício do direito de revisão previsto no presente artigo é regulado pelas disposições aplicáveis do regulamento disciplinar.

Artigo 32º – Reabilitação

1 – No caso de aplicação de sanção de expulsão, decorridos que sejam 10 anos, o membro pode ser reabilitado, mediante requerimento e desde que se preencha cumulativamente os seguintes requisitos:

a) Tenha havido reabilitação judicial, se a ela houver lugar;

b) Não haja riscos para a saúde dos pacientes e da comunidade;

c) Se mostre acautelada a dignidade da medicina;

d) O reabilitando tenha revelado boa conduta, podendo, para o demonstrar, utilizar os meios de prova admitidos em direito.

2 – Quando a expulsão tenha ocorrido por força do disposto na alínea b) do nº 6 do artigo 13º, a reabilitação depende da prestação de provas públicas, em termos a fixar em regulamento.

3 – Em casos especiais, a reabilitação pode ser limitada à prática de certos atos médicos.

Regulamento de Deontologia Médica

Regulamento nº 707/2016, publicado no Diário da República nº 139/2016, Série II, de 21 de julho

Aprovado ao abrigo do disposto no artigo 144º e em desenvolvimento do estabelecido nos artigos 135º a 143º, todos do Estatuto da Ordem dos Médicos

A Ordem dos Médicos foi criada pelo Decreto-Lei nº 29171, de 24 de novembro de 1938, posteriormente alterado pelo Decreto-Lei nº 40651, de 21 de junho de 1956 que, por seu lado, foi substituído pelo Estatuto aprovado pelo Decreto-Lei nº 282/77, de 05 de julho.

Com a publicação da Lei nº 2/2013, de 10 de janeiro, que aprovou o regime jurídico de criação, organização e funcionamento das associações públicas profissionais, tornou-se necessário proceder à revisão do aludido Estatuto da Ordem dos Médicos, adequando-o ao regime jurídico aprovado e às alterações que marcaram o ordenamento jurídico nestas últimas décadas. Tal revisão foi operada através da Lei 117/2015, de 31 de agosto, que, para além de importantes alterações ao nível da estrutura da Ordem dos Médicos, prevê no seu articulado a existência de diversos regulamentos que têm de se conformar com o conteúdo do Estatuto.

Daí que, após a entrada em vigor da nova redação do Estatuto da Ordem dos Médicos, o Conselho Nacional da Ordem dos Médicos tenha deliberado constituir um grupo de trabalho, presidido pelo Bastonário e composto por membros dos três conselhos regionais, que ficou encarregue de apresentar as respetivas propostas. Os projetos de regulamentos, uma vez elaborados, foram mandados publicar pelo Conselho Nacional no Diário da República para consulta pública, nos termos do disposto no artigo 101º do Código do Procedimento Administrativo, e foram publicados no portal da Ordem.

Finalmente, a Assembleia de Representantes, reunida no Porto no dia 20 de maio de 2016, nos termos do disposto na alínea b) do artigo 49º do Estatuto da Ordem dos Médicos, na redação introduzida pela Lei nº 117/2015, deliberou aprovar, sob proposta do Conselho Nacional, o Regulamento com o anexo que constitui o Código Deontológico para que se adeque às alterações estatutárias decorrentes da publicação da Lei 117/2015, de 31 de agosto.

Código Deontológico

Aprovado ao abrigo do disposto no artigo 144º e em desenvolvimento do estabelecido nos artigos 135º a 143º, todos do Estatuto da Ordem dos Médicos

Publicado em Anexo ao Regulamento nº 707/2016 (Diário da República nº 139/2016, Série II, de 21 de julho) e alterado pelo Regulamento nº 498/2020, publicado no Diário da República nº 102/2020, Série II, de 26 de maio

Preâmbulo

O Código Deontológico da Ordem dos Médicos é um conjunto de normas de comportamento que serve de orientação nos diferentes aspetos das relações humanas que se estabelecem no decurso do exercício profissional da medicina.

As condutas que o Código estabelece são condicionadas pela informação científica disponível, pelas recomendações da Ordem que, por seu lado, estão balizadas pelos princípios éticos fundamentais que constituem os pilares da profissão médica.

Um Código Deontológico, para plasmar em cada realidade temporal os valores da Ética Médica que lhe dá origem, é algo em permanente evolução, atualização e adaptação. Por outro lado, inscrevendo-se o Código Deontológico no acervo jurídico da sociedade, e retirando a sua força vinculativa da autorregulação outorgada à Ordem dos Médicos, integra-se no quadro legislativo geral.

Nas normas do presente Código foram consagradas as regras deontológicas fundamentais, atualizando-se aspetos relacionados com os conhecimentos atuais da ciência médica e procurando-se encontrar as soluções bioéticas mais consonantes com o estado da arte.

TÍTULO I – Disposições Gerais

CAPÍTULO I – Definição, âmbito e competência

Artigo 1º – Deontologia médica

A Deontologia Médica é o conjunto de regras de natureza ética que, com caráter de permanência e a necessária adequação histórica, o médico deve observar no exercício da sua atividade profissional.

Artigo 2º – Âmbito

As disposições reguladoras da Deontologia Médica são aplicáveis a todos os médicos no exercício da sua profissão, independentemente do regime em que esta seja exercida.

Artigo 3º – Competência exclusiva da Ordem dos Médicos

1 – É da competência exclusiva da Ordem dos Médicos o conhecimento da responsabilidade disciplinar dos médicos emergente de infrações à Deontologia Médica.

2 – Quando as violações à Deontologia Médica se verifiquem em relação a médicos que exerçam a sua profissão vinculados a entidades públicas, cooperativas, sociais ou privadas devem estas entidades limitar-se a comunicar à Ordem as presumíveis infrações.

3 – Se a factualidade das infrações deontológicas e técnicas preencher também os pressupostos de uma infração disciplinar incluída na competência legal daquelas entidades, as respetivas competências devem ser exercidas separadamente.

CAPÍTULO II – Deveres dos médicos

Artigo 4º – Princípios gerais de conduta

1 – O médico deve exercer a sua profissão de acordo com as leges artis com o maior respeito pelo direito à saúde das pessoas e da comunidade.

2 – O médico no exercício da sua profissão tem direito a uma justa remuneração.

3 – O médico deve abster-se de práticas não justificadas pelo interesse do doente ou que pressuponham ou criem falsas necessidades de consumo.

4 – O médico, no exercício da sua profissão, deve e na medida que tal não conflitue com o interesse do seu doente, proteger a sociedade, garantindo um exercício consciente, procurando a maior eficácia e eficiência na gestão rigorosa dos recursos existentes.

5 – O médico deve prestar a sua atividade profissional sem qualquer forma de discriminação.

6 – O médico, na medida das suas possibilidades, conhecimentos e experiência, deve, em qualquer lugar ou circunstância, prestar tratamento de urgência a pessoas que se encontrem em perigo imediato, independentemente da sua função específica ou da sua formação especializada.

7 – O exercício do direito à greve não pode violar os princípios da Deontologia Médica, devendo os médicos assegurar os cuidados inadiáveis aos doentes.

8 – O médico deve cuidar da permanente atualização da sua cultura científica e da sua preparação técnica, sendo dever ético fundamental o exercício profissional diligente e tecnicamente adequado às regras da arte médica.

9 – O médico deve ter comportamento público e profissional adequado à dignidade da sua profissão, sem prejuízo dos seus direitos de cidadania e liberdade individual.

CAPÍTULO III – O médico ao serviço do doente

Artigo 5º – Qualidade dos cuidados médicos

O médico que aceite o encargo ou tenha o dever de atender um doente obriga-se à prestação dos melhores cuidados ao seu alcance, agindo sempre com correção e delicadeza, no intuito de promover ou restituir a saúde, conservar a vida e a sua qualidade, suavizar os sofrimentos, nomeadamente nos doentes sem esperança de cura ou em fase terminal, no pleno respeito pela dignidade do ser humano.

Artigo 6º – Independência dos médicos

1 – O médico, no exercício da sua profissão, é técnica e deontologicamente independente e responsável pelos seus atos.

2 – Em caso algum o médico pode ser subordinado à orientação técnica e deontológica de estranhos à profissão médica no exercício das funções clínicas.

3 – O disposto no número anterior não contraria a existência de hierarquias técnicas institucionais, legal ou contratualmente estabelecidas, não podendo, contudo, em nenhum caso, um médico ser constrangido a praticar atos médicos contra sua vontade, sem prejuízo do disposto relativamente a situações de urgência e, bem assim, ao direito de recusa de prestação de cuidados, nos termos previstos neste Regulamento.

Artigo 7º – Isenção e liberdade profissionais

1 – O médico só deve tomar decisões ditadas pela ciência e pela sua consciência.

2 – O médico tem liberdade de escolha de meios de diagnóstico e terapêutica, devendo, porém, abster-se de prescrever desnecessariamente exames ou tratamentos onerosos ou de realizar atos médicos supérfluos.

Artigo 8º – Condições de exercício

1 – O médico deve exercer a sua profissão em condições que não prejudiquem a qualidade dos seus serviços e a especificidade da sua ação, não aceitando situações de interferência externa que lhe cerceiem a liberdade de fazer juízos clínicos e éticos e de atuar em conformidade com as leges artis.

2 – O médico tem o dever de comunicar à Ordem todas as tentativas de condicionar a liberdade do seu exercício ou de imposição de condições que prejudiquem os doentes.

Artigo 9º – Responsabilidade

1 – O médico é responsável pelos seus atos e pelos praticados por profissionais sob a sua orientação, desde que estes não se afastem das suas instruções, nem excedam os limites da sua competência.

2 – Nas equipas multidisciplinares, a responsabilidade de cada médico deve ser apreciada individualmente.

Artigo 10º – Tratamentos vedados ou condicionados

1 – O médico deve abster-se de praticar atos que não estejam de acordo com as leges artis.

2 – Excetuam-se os atos não reconhecidos pelas leges artis, mas sobre os quais se disponha de dados promissores, em situações em que não haja alternativa, desde que com consentimento do doente ou do seu representante legal, no caso daquele o não poder fazer, e ainda os atos que se integram em protocolos de investigação ou ensaios clínicos, cumpridas as regras que condicionam a experimentação em e com pessoas humanas.

Artigo 11º – Respeito por qualificações e competências

1 – O médico não pode ultrapassar os limites das suas qualificações e competências.

2 – As especialidades, subespecialidades, competências e formações reconhecidas pela Ordem devem ser tidas em conta.

3 – Sempre que entenda necessário, o médico deve pedir a colaboração de outro médico ou indicar ao doente um colega que julgue mais qualificado.

4 – Quando o médico incumbir outros profissionais de saúde, médicos ou não médicos devidamente habilitados, da prática de atos é dever do médico não ultrapassar as competências destes profissionais, sendo também responsável pelos atos praticados sob a sua orientação, nos termos do artigo 9º.

5 – Exceto em situações de emergência em que não possa recorrer em tempo útil a colega competente, o médico não pode, em caso algum, praticar atos médicos para os quais reconheça não ser capaz ou não possuir a competência técnica e capacidade física e mentais exigíveis.

6 – O médico não pode incumbir outros profissionais de saúde da realização de diagnóstico, prescrição ou gestão clínica autónoma de doentes.

Artigo 12º – Objeção de consciência

1 – O médico tem o direito de recusar a prática de ato da sua profissão quando tal prática entre em conflito com a sua consciência, ofendendo os seus princípios éticos, morais, religiosos, filosóficos, ideológicos ou humanitários.

2 – A objeção de consciência é manifestada perante situações concretas em documento que pode ser registado na Ordem, assinado pelo médico

objetor e comunicado ao diretor clínico do estabelecimento de saúde, devendo a sua decisão ser comunicada ao doente, ou a quem no seu lugar prestar o consentimento, em tempo útil.

3 – A objeção de consciência não pode ser invocada em situação urgente e que implique perigo de vida ou grave dano para a saúde, se não houver outro médico disponível a quem o doente possa recorrer.

4 – O médico objetor não pode sofrer qualquer prejuízo pessoal ou profissional pelo exercício do seu direito à objeção de consciência.

Artigo 13º – Objeção técnica

A recusa de subordinação a ordens técnicas oriundas de hierarquias institucionais, legal ou contratualmente estabelecidas, ou a normas de orientação adotadas institucionalmente, só pode ser usada quando o médico se sentir constrangido a praticar ou deixar de praticar atos médicos, contra a sua opinião técnica, devendo, nesse caso, justificar-se de forma clara e por escrito.

Artigo 14º – Dever de respeito

1 – O médico tem o dever de respeitar a pessoa do doente.

2 – A idade, o sexo, as convicções do doente, bem como a natureza da doença devem ser tidos em consideração no exame clínico e tratamento do doente.

3 – A situação de vulnerabilidade que caracteriza a pessoa doente, bem como a dependência física e emocional que se pode estabelecer entre esta e o seu médico, torna o assédio sexual uma infração muito grave quando praticada pelo médico.

Artigo 15º – Livre escolha pelo doente

1 – O doente tem o direito de escolher livremente o seu médico, e este o dever de respeitar e defender tal direito.

2 – O médico assistente deve respeitar o direito do doente a mudar de médico, devendo antecipar-se, por dignidade profissional, à menor suspeita de que tal vontade exista.

Artigo 16º – Direito de recusa de assistência

1 – O médico pode recusar-se a prestar assistência a um doente, exceto quando este se encontrar em perigo iminente de vida ou não existir outro médico com a qualificação adequada a quem o doente possa recorrer.

2 – O médico pode recusar continuar a prestar assistência a um doente, quando se verifiquem cumulativamente os seguintes requisitos:

a) Não haja prejuízo para o doente, por lhe ser possível assegurar assistência por médico com a qualificação adequada;

b) O médico forneça os esclarecimentos necessários para a regular continuidade do tratamento;

c) O médico advirta o doente ou a família com a antecedência necessária a assegurar a substituição.

3 – A incapacidade para controlar a doença não justifica o abandono do doente.

Artigo 17º – Direito de recusa de ato ou exame

O médico pode recusar a realização de qualquer ato ou exame cuja indicação clínica lhe pareça mal fundamentada.

Artigo 18º – Referenciação

1 – O médico, ao referenciar o doente ou ao ajudá-lo na escolha de outro médico, deve exclusivamente considerar o seu conhecimento profissional e o interesse daquele.

2 – Nos termos do número anterior, o médico pode recomendar ao doente quaisquer estabelecimentos ou entidades prestadoras de cuidados de Saúde, seja qual for a sua natureza e independentemente do setor ou organização em que funcionalmente aqueles se integrem.

3 – É considerada violação deontológica grave a partilha de honorários, traduzida na perceção de vantagens financeiras, patrimoniais ou outras, pela referenciação do doente.

Artigo 19º – Esclarecimento do médico ao doente

1 – O doente tem direito a receber e o médico o dever de prestar esclarecimento sobre o diagnóstico, a terapêutica e o prognóstico da sua doença.

2 – O esclarecimento deve ser prestado previamente e incidir sobre os aspetos relevantes de atos e práticas, dos seus objetivos e consequências funcionais, permitindo que o doente possa consentir em consciência.

3 – O esclarecimento deve ser prestado pelo médico com palavras adequadas, em termos compreensíveis, adaptados a cada doente, realçando o que tem importância ou o que, sendo menos importante, preocupa o doente.

4 – O esclarecimento deve ter em conta o estado emocional do doente, a sua capacidade de compreensão e o seu nível cultural.

5 – O esclarecimento deve ser feito, sempre que possível, em função dos dados probabilísticos e facultando ao doente as informações necessárias para que possa ter uma visão clara da situação clínica e tomar uma decisão consciente.

Artigo 20º – Consentimento do doente

1 – O consentimento do doente só é válido se este, no momento em que o dá, tiver capacidade de decidir livremente, se estiver na posse da informação relevante e se for dado na ausência de coações físicas ou morais.

2 – Entre o esclarecimento e o consentimento deverá existir, sempre que possível, um intervalo de tempo que permita ao doente refletir e aconselhar-se.

3 – O médico deve aceitar e pode sugerir que o doente procure outra opinião médica, particularmente se a decisão envolver riscos significativos ou graves consequências para a sua saúde e vida.

Artigo 21º – Doentes incapazes de dar o consentimento

1 – O consentimento dos menores ou de doentes com alterações cognitivas que os tornem incapazes, temporária ou definitivamente, de dar o seu consentimento, deve ser solicitado ao seu representante legal, se possível.

2 – Quando existir uma diretiva antecipada de vontade ou a nomeação de um procurador de cuidados de saúde por parte do doente, o médico deve respeitar as suas decisões nos termos previstos na lei, sem prejuízo do exercício do direito à objeção de consciência.

3 – A opinião dos menores deve ser tomada em consideração, de acordo com a sua maturidade, mas o médico não fica desobrigado de obter o consentimento aos representantes legais daqueles e de ponderar eventuais interesses contrapostos.

4 – A atuação dos médicos deve ter sempre como finalidade a defesa dos melhores interesses dos doentes, e em especial dos doentes incapazes de comunicarem a sua vontade.

5 – Para os efeitos do presente artigo entende-se como melhor interesse do doente a decisão que este tomaria de forma livre e esclarecida se para tal tivesse capacidade.

6 – A informação fornecida pelos representantes legais, familiares ou pessoas das relações próximas é relevante para o esclarecimento da vontade dos doentes.

7 – Cabe ao médico ponderar, em cada caso, a necessidade de requerer ao tribunal o suprimento judicial de consentimento do doente.

Artigo 22º – Consentimento presumido

O médico deve presumir o consentimento dos doentes nos seguintes casos:

a) Em situações de urgência, quando não for possível obter o consentimento do doente e desde que não haja qualquer indicação segura de que o doente recusaria a intervenção se tivesse a possibilidade de manifestar a sua vontade;

b) Quando só puder ser obtido com adiamento que implique perigo para a vida ou perigo grave para a saúde;

c) Quando tiver sido dado para certa intervenção ou tratamento, tendo vindo a realizar-se outro diferente, por se ter revelado imposto como meio para evitar perigo para a vida ou perigo grave para a saúde, salvo se se verificarem circunstâncias que permitam concluir com segurança que o consentimento seria recusado.

Artigo 23º – Formas de consentimento

1 – O consentimento pode assumir a forma oral ou escrita.

2 – O consentimento escrito e ou testemunhado é exigível em casos expressamente determinados pela lei ou regulamento deontológico.

Artigo 24º – Recusa de exames e tratamentos

1 – Se o doente, a família ou o representante legal, esgotadas todas as formas de esclarecimento adequadas, recusarem os exames ou tratamentos indicados pelo médico, pode este recusar-se a assisti-lo nos termos do artigo 16º, sem prejuízo do disposto na parte final do nº 7 do artigo 21º.

2 – Em caso de perigo de vida de doente com capacidade para decidir, a recusa de tratamento imediato que a situação imponha só pode ser feita pelo próprio doente, expressa e livremente.

Artigo 25º – Informação de diagnóstico e prognóstico

1 – O diagnóstico e o prognóstico devem, por regra, ser comunicados ao doente, em respeito pela sua dignidade e autonomia.

2 – A informação exige prudência e delicadeza, devendo ser efetuada em toda a extensão e no tempo requerido pelo doente, ponderados os eventuais danos que esta lhe possa causar.

3 – A informação não pode ser imposta ao doente, pelo que não deve ser prestada se este não a desejar.

4 – O diagnóstico e prognóstico só podem ser dados a conhecer a terceiros, nomeadamente familiares, com o consentimento do doente, a menos que este seja menor ou cognitivamente incompetente, sem prejuízo do disposto no artigo 33º.

Artigo 26º – Respeito pelas crenças e interesses do doente

1 – O médico deve respeitar as opções religiosas, filosóficas ou ideológicas e os interesses legítimos do doente.

2 – O doente tem direito a receber ou a recusar conforto moral e espiritual, nomeadamente o auxílio de um membro qualificado da sua própria religião.

3 – Se o doente ou, na incapacidade deste, os seus familiares ou representantes legais quiserem chamar um ministro ou outro membro de qualquer culto, um notário ou outra entidade legalmente competente, o médico tem o dever de o possibilitar no momento que considere mais oportuno.

Artigo 27º – Menores, idosos e deficientes

1 – O médico deve usar de especial solicitude e cuidado para com o menor, o idoso, o deficiente ou pessoa particularmente indefesa quando verificar que os seus familiares ou outros responsáveis não são capazes ou cuidadosos para tratar da sua saúde ou assegurar o seu bem-estar.

2 – Sempre que o médico, chamado a tratar um menor, um idoso, um deficiente, um incapaz ou pessoa particularmente indefesa, verifique que estes são vítimas de sevícias, maus-tratos ou assédio, deve tomar as providências adequadas para os proteger, nomeadamente alertar as autoridades competentes.

Artigo 28º – Acompanhante do doente e limitação de visitas

1 – O médico respeitará a vontade do doente em ser acompanhado por alguém da sua confiança, exceto quando tal possa interferir com a prestação de cuidados médicos.

2 – O médico pode limitar o horário e a duração das visitas de terceiros aos doentes sob sua responsabilidade, se entender necessário à saúde do doente ou à defesa dos direitos de terceiros, tendo em vista o normal funcionamento dos serviços.

CAPÍTULO IV – Segredo médico

Artigo 29º – O segredo médico

O segredo médico é condição essencial ao relacionamento médico-doente, assenta no interesse moral, social, profissional e ético, que pressupõe e permite uma base de verdade e de mútua confiança.

Artigo 30º – Âmbito do segredo médico

1 – O segredo médico impõe-se em todas as circunstâncias dado que resulta de um direito inalienável de todos os doentes.

2 – O segredo abrange todos os factos que tenham chegado ao conhecimento do médico no exercício da sua profissão ou por causa dela e compreende especialmente:

a) Os factos revelados diretamente pela pessoa, por outrem a seu pedido ou por terceiro com quem tenha contactado durante a prestação de cuidados ou por causa dela;

b) Os factos apercebidos pelo médico, provenientes ou não da observação clínica do doente ou de terceiros;

c) Os factos resultantes do conhecimento dos meios complementares de diagnóstico e terapêutica referentes ao doente;

d) Os factos comunicados por outro médico ou profissional de saúde, obrigado, quanto aos mesmos, a segredo.

3 – A obrigação de segredo médico existe, quer o serviço solicitado tenha ou não sido prestado e quer seja ou não remunerado.

4 – O segredo médico mantém-se após a morte do doente.

5 – É expressamente proibido ao médico enviar doentes para fins de diagnóstico ou terapêutica a qualquer entidade não vinculada ao segredo médico.

Artigo 31º – Segredo médico em unidades de saúde públicas, sociais, cooperativas ou privadas

1 – Os médicos que trabalhem em unidades de saúde estão obrigados, singular e coletivamente, a guardar segredo médico quanto às informações que constem do processo individual do doente.

2 – Compete aos médicos referidos no número anterior a identificação dos elementos dos respetivos processos clínicos que, não estando abrangidos pelo segredo médico, podem ser comunicados a entidades, mesmo hierárquicas, que os hajam solicitado.

3 – As unidades de saúde em colaboração com os diretores clínicos devem impedir o acesso indevido de terceiros aos processos clínicos e aos sistemas informáticos que contenham informação de saúde.

4 – Qualquer litígio suscitado entre médicos e as entidades não-médicas referidas nos dois números anteriores, em que seja invocado segredo médico, é decidido, no plano ético, pelo Bastonário da Ordem.

Artigo 32º – Escusa do segredo médico

Excluem o dever de segredo médico:

a) O consentimento do doente ou, em caso de impedimento, do seu representante legal, quando a revelação não prejudique terceiras pessoas com interesse na manutenção do segredo médico;

b) O que for absolutamente necessário à defesa da dignidade, da honra e dos legítimos interesses do médico, do doente ou de terceiros, não podendo em qualquer destes casos o médico revelar mais do que o necessário, nem o podendo fazer sem prévia autorização do Bastonário;

c) O que revele um nascimento ou um óbito;

d) As doenças de declaração obrigatória;

e) As condições referidas no artigo 69º-A.

Artigo 33º – Precauções que não violam o segredo médico

1 – A obrigação do segredo médico não impede que o médico tome as precauções necessárias, promova ou participe em medidas de defesa da saúde, indispensáveis à salvaguarda da vida e saúde de pessoas que possam contactar com o doente, nomeadamente dos membros da família e outros conviventes.

2 – Sendo a preservação da vida um valor fundamental, deverá o médico, em circunstância em que um doente tenha um comportamento que traga

um risco real e significativo para a vida ou perigo grave para a saúde de outra pessoa, tentar persuadi-lo a modificar o seu comportamento, nomeadamente declarando que de outro modo irá revelar a sua situação às pessoas interessadas. Se o doente não modificar o seu comportamento, apesar de advertido, o médico deve informar as pessoas em risco, caso as conheça, após comunicar ao doente que o vai fazer.

3 – Nas situações em que o risco de vida e o perigo para a saúde ou vida de terceiros seja grave ou iminente, o médico deve tomar as medidas adequadas a evitar que o mesmo se produza, devendo adotar as providências necessárias junto das entidades competentes.

Artigo 34º – Manutenção do segredo médico em cobrança de honorários

Na cobrança judicial ou extrajudicial de honorários, o médico não pode quebrar o segredo médico a que está vinculado, salvo em situações excecionais em que tal se mostre imprescindível para a defesa dos seus interesses e desde que para tanto tenha autorização do Bastonário da Ordem.

Artigo 35º – Intervenção em processos administrativos ou judiciais

1 – O médico que nessa qualidade seja convocado como testemunha para comparecer perante a autoridade que o convocou, não poderá prestar declarações ou produzir depoimento sobre matéria de segredo médico, exceto nas situações previstas nas alíneas a) e b) do artigo 32º ou na lei.

2 – Quando, nas situações referidas no número anterior, o médico invoque o dever de segredo, pode solicitar à Ordem declaração que ateste a natureza inviolável do sigilo no processo ou procedimento em causa.

Artigo 36º – Dados médicos informatizados

1 – Os ficheiros automatizados, as bases e bancos de dados médicos, contendo informações extraídas de histórias clínicas sujeitas a segredo médico, devem ser equipados com sistemas, e utilizados com procedimentos de segurança, que impeçam a consulta, alteração ou destruição de dados por pessoa não autorizada a fazê-lo e que permitam detetar desvios de informação.

2 – O acesso aos ficheiros automatizados, as bases e bancos de dados médicos são da responsabilidade de um médico.

3 – Os responsáveis pelos ficheiros automatizados, as bases e bancos de dados médicos, bem como as pessoas que, no exercício das suas funções,

tenham conhecimento dos dados pessoais neles registados, ficam obrigados a segredo, mesmo após o termo de funções.

4 – Os ficheiros automatizados, as bases e bancos de dados médicos não podem estar conectados com outro tipo de redes informáticas, a menos que possam garantir-se as condições de segurança referidas no nº 1.

Artigo 37º – Tratamento da informação da saúde

1 – Os responsáveis pelo tratamento da informação de saúde devem tomar as providências adequadas à proteção da sua confidencialidade, garantindo a segurança das instalações e equipamentos, o controlo no acesso à informação, bem como o reforço do dever de sigilo e da educação deontológica de todos os profissionais.

2 – As unidades do sistema de saúde devem impedir o acesso indevido de terceiros aos processos clínicos e aos sistemas informáticos que contenham informação de saúde, incluindo as respetivas cópias de segurança, assegurando os níveis de segurança apropriados e cumprindo as exigências estabelecidas pela legislação que regula a proteção de dados pessoais, nomeadamente para evitar a sua destruição, acidental ou ilícita, a alteração, difusão ou acesso não autorizado ou qualquer outra forma de tratamento ilícito da informação.

3 – A informação de saúde só pode ser utilizada pelo sistema de saúde nas condições expressas em autorização escrita do seu titular ou de quem o represente.

4 – O acesso a informação de saúde pode, desde que anonimizada, ser facultado para fins de investigação.

5 – A gestão dos sistemas que organizam a informação de saúde deve garantir a separação entre a informação de saúde e genética e a restante informação pessoal, designadamente através da definição de diversos níveis de acesso.

6 – A gestão dos sistemas de informação deve garantir o processamento regular e frequente de cópias de segurança da informação de saúde, salvaguardadas as garantias de confidencialidade estabelecidas por lei.

Artigo 38º – Responsabilidade do médico com funções diretivas

Os médicos com cargos de direção em organismos prestadores de cuidados de saúde são responsáveis pela adequação às normas deontológicas dos serviços que dirigem, devendo nomeadamente:

a) Estabelecer os mecanismos necessários para a preservação da intimidade e confidencialidade dos doentes;

b) Tratar as informações a serem transmitidas aos meios de comunicação social de um modo adequado e após obtenção do consentimento do doente ou do seu representante legal;

c) Exigir dos seus colaboradores médicos e não-médicos, e ainda dos estudantes das diversas áreas de saúde, a preservação da intimidade e da confidencialidade das informações clínicas, sujeitas a segredo médico.

CAPÍTULO V – Informação médica e Processo clínico

Artigo 39º – Informação médica

1 – A informação médica é a informação de saúde destinada a ser utilizada em prestações de cuidados ou tratamentos de saúde.

2 – Entende-se por «processo clínico» qualquer registo, informatizado ou não, que contenha informação de saúde sobre doentes ou seus familiares.

3 – Cada processo clínico deve conter toda a informação médica disponível que diga respeito ao doente.

4 – A informação médica é inscrita no processo clínico pelo médico que tenha assistido o doente ou, sob a supervisão daquele, por outro profissional igualmente sujeito ao dever de segredo.

5 – O processo clínico só pode ser consultado por médico incumbido da realização de prestações de saúde a favor do doente a que respeita ou, sob a supervisão daquele, por outro profissional de saúde obrigado a segredo e na medida do estritamente necessário à realização das mesmas, sem prejuízo da investigação epidemiológica, clínica ou genética que possa ser feita sobre os mesmos.

Artigo 40º – Processo clínico, ficha clínica e exames complementares

1 – O médico, seja qual for o enquadramento da sua ação profissional, deve registar, de forma clara e detalhada, os resultados que considere relevantes das observações clínicas dos doentes a seu cargo, conservando-os ao abrigo de qualquer indiscrição, de acordo com as normas do segredo médico.

2 – A ficha clínica é o registo dos dados clínicos do doente, das anotações pessoais do médico e tem como finalidade a memória futura e a comunicação entre os profissionais que tratem o doente.

3 – O doente tem direito a conhecer a informação registada no seu processo clínico, a qual lhe é transmitida, se requerida, pelo próprio médico assistente ou, no caso de instituição de saúde, por médico designado pelo doente para este efeito.

4 – Sempre que tenha de facultar informação do processo clínico o médico tem o direito de expurgar as suas anotações pessoais e o dever de não fornecer informações sujeitas a segredo de terceiros e não comunicar circunstâncias que, a serem conhecidas pelo paciente, poriam em perigo a sua vida ou seriam suscetíveis de lhe causar grave dano à saúde, física ou psíquica.

5 – Os exames complementares de diagnóstico e terapêutica são-lhe facultados quando este os solicite, aceitando-se no entanto que o material a fornecer seja constituído por cópias correspondentes aos elementos constantes do processo clínico.

Artigo 41º – Transmissão de dados clínicos entre médicos

Sempre que o interesse do doente o exija, o médico deve comunicar, sem demora, a qualquer outro médico assistente, os elementos do processo clínico necessários à continuidade dos cuidados.

Artigo 42º – Publicações científicas

O médico pode servir-se do processo clínico para as suas publicações, mas deve proceder de modo a que não seja possível a identificação dos doentes, a menos que expressamente autorizado por escrito a tal pelos próprios doentes ou seus representantes legais.

Artigo 43º – Destino do processo clínico em caso de transmissão de consultório

1 – Quando o médico cesse a sua atividade profissional, os seus processos clínicos devem ser transmitidos ao médico que lhe suceda, salvaguardada a vontade dos doentes interessados em que a informação relevante seja transmitida a outro médico por si determinado.

2 – Na falta de médico que lhe suceda, deve o facto ser comunicado à Ordem, por quem receber o espólio do consultório ou pelos médicos que tenham conhecimento da situação, a qual determina o destino a dar-lhes.

CAPÍTULO VI - Atestado médico

Artigo 44º – O Atestado médico

1 – Por solicitação livre e sem qualquer coação do interessado ou seu legal representante, o médico tem o dever de atestar e registar os estados de saúde ou doença que verifique durante a prestação do ato médico.

2 – Os atestados médicos, certificados, relatórios ou declarações são documentos particulares, assinados pelo seu autor de forma reconhecível e só são emitidos a pedido do interessado, ou do seu representante legal, deles devendo constar a menção desse pedido.

3 – Os atestados de doença, além da correta identificação do interessado, devem afirmar, sendo verdade, a existência de doença, a data do seu início, os impedimentos resultantes e o tempo provável de incapacidade que determine; não devem especificar o diagnóstico de que o doente sofre, salvo por solicitação expressa do doente, devendo o médico, nesse caso, fazer constar esse condicionalismo.

4 – Para prorrogação do prazo de incapacidade referido no número anterior, deve proceder-se à emissão de novo atestado médico.

5 – O médico não está impedido de realizar atos médicos sobre si próprio ou familiares diretos.

6 – O médico está impedido de emitir atestados a si próprio ou em situação de manifesto conflito de interesses.

Artigo 45º – Proibição de atestado de complacência

1 – O médico não pode emitir atestados de complacência ou relatórios tendenciosos sobre o estado de saúde ou doença de qualquer pessoa mesmo que esta lho solicite.

2 – Todos os factos atestados, bem como as razões subjacentes às declarações produzidas, devem constar de um registo na posse do médico ou da instituição prestadora.

CAPÍTULO VII - Telemedicina

Artigo 46º – Relação médico-doente

1 – A telemedicina deve respeitar a relação médico-doente, mantendo a confiança mútua, a independência de opinião do médico, a autonomia do doente e a confidencialidade.

2 – Quando o doente pede ou se submete a uma consulta por telemedicina, esta não deve substituir a relação médico-doente e deve realizar-se em condições sobreponíveis a uma consulta presencial, e só será dada quando o médico tiver uma ideia clara e justificável da situação clínica.

3 – O médico que usa os meios da telemedicina e não observa presencialmente o doente, deve avaliar cuidadosamente a informação recebida, só podendo dar opiniões, recomendações ou tomar decisões médicas, se a qualidade da informação recebida for suficiente e relevante.

4 – Na utilização da telemedicina em situações de urgência, pode a opinião do médico teleconsultado ser baseada numa informação incompleta, mas nesta situação excecional o médico assistente é responsável pela decisão a tomar.

Artigo 47º – Responsabilidade do médico na telemedicina

1 – O médico tem liberdade e completa independência de decidir se utiliza ou recusa a telemedicina.

2 – O médico que pede a opinião de um colega é responsável pelo tratamento e pelas decisões e recomendações por ele dadas ao doente.

3 – O médico teleconsultado não é obrigado a emitir opinião se não tem conhecimentos ou suficiente informação do doente para emitir um parecer fundamentado, mas, caso a emita, é responsável por ela.

4 – Quanto aos colaboradores não médicos participantes na transmissão ou receção de dados, o médico deve assegurar-se que a formação e a competência destes profissionais sejam adequadas, de modo a poder garantir uma utilização apropriada da telemedicina e a salvaguarda do segredo médico.

5 – O médico praticante da telemedicina esclarece o doente e obtém o consentimento, nos termos dos artigos 20º, 21º, 22º e 23º.

6 – O médico deve assegurar a aplicação das medidas de segurança estabelecidas para proteger a confidencialidade do doente.

Artigo 48º – Garantias de qualidade e segurança

1 – O médico só deve utilizar a telemedicina depois de se certificar que a equipa encarregue da sua realização garante um nível de qualidade suficientemente alto, funciona de forma adequada e cumpre com as normas estipuladas.

2 – O médico deve dispor de sistemas de suporte e utilizar controlos de qualidade e procedimentos de avaliação para vigiar a precisão e a qualidade da informação recebida e transmitida.

3 – O médico só deve utilizar a telemedicina depois de se certificar que o sistema utilizado e os seus utilizadores garantem o segredo médico, nomeadamente através da encriptação de nomes e outros dados identificadores.

Artigo 49º – História clínica

1 – O médico que utilize a telemedicina deve registar na ficha clínica os métodos de identificação do doente, as informações pretendidas e as recebidas.

2 – O médico teleconsultado deve registar em ficha clínica as opiniões que emitiu e também a informação em que se baseou.

3 – Os métodos informatizados de arquivamento e transmissão dos dados do doente só devem ser utilizados quando se tenham tomado medidas suficientes para proteger a confidencialidade e a segurança da informação registada ou permutada.

CAPÍTULO VIII – Honorários

Artigo 50º – Remuneração da atividade médica

A prestação de cuidados médicos aos doentes, deve ser compensada de modo a permitir a digna subsistência do médico.

Artigo 51º – Fixação e cobrança de honorários

1 – Na fixação de honorários deve o médico proceder com justo critério, atendendo à importância do serviço prestado, ao tempo habitualmente despendido, à sua diferenciação técnica, ao valor dos equipamentos utilizados, aos gastos em material, à capacidade económica do doente e aos usos e costumes da região.

2 – O médico deve expor, no seu local de exercício, o preçário indicativo dos atos médicos que pratica, em conformidade com as normas legais em vigor.

3 – A conta de honorários pode ser apresentada nos suportes permitidos por lei, enumerando e quantificando o valor dos serviços prestados.

4 – O médico tem a liberdade de, sempre que o entender, prestar gratuitamente os seus cuidados.

5 – O disposto no presente artigo não se aplica ao médico que pratica os seus serviços profissionais em empresa prestadora de cuidados médicos, a qual apresenta diretamente a conta de honorários.

Artigo 52º – Chamadas ao domicílio

O médico chamado ao domicílio do doente, tendo comparecido atempadamente, goza do direito a honorários mesmo que, por motivo alheio à sua vontade, não chegue a prestar assistência médica.

Artigo 53º – Intervenções cirúrgicas e em equipa

1 – Na prestação de serviços médicos por equipa médica ou multiprofissional, os honorários podem ser reclamados por cada um dos intervenientes ou só por um, sem prejuízo de terem de ser sempre discriminados.

2 – A presença do médico assistente numa intervenção cirúrgica, quando solicitada pelo doente ou pelos seus representantes, dá direito a honorários próprios que podem ser apresentados nos termos do número anterior.

Artigo 54º – Dever de gratuitidade

1 – O médico deve tratar gratuitamente todos os colegas e os familiares que vivem a seu cargo, podendo todavia fazer-se abonar dos gastos originados pelos atos médicos. Tal dever prolonga-se, quando adequado, em caso de morte do colega.

2 – O médico fica isento do dever de gratuitidade se existir entidade que cubra os custos da assistência prestada e, bem assim, nas situações em que não tem poder de decisão quanto à cobrança do serviço prestado.

Artigo 55º – Comparticipações vedadas

1 – O médico não pode praticar a dicotomia, assim como a sua oferta ou a sua exigência, nomeadamente o recebimento de quaisquer comissões ou gratificações por serviços prestados por outros, tais como, análises, radiografias, aplicações de fisioterapia, consultas ou operações, bem como pelo encaminhamento de doentes para quaisquer outros prestadores de cuidados de saúde;

2 – É autorizada a partilha de honorários entre médicos, se corresponderem a efetivos serviços prestados a doentes, quer no âmbito da medicina de grupo, quer no âmbito de trabalho em equipa.

CAPÍTULO IX – Publicidade

Artigo 56º – Princípio geral da divulgação da atividade médica

1 – Na divulgação da sua atividade profissional o médico deve nortear-se pelo interesse do doente abstendo-se de práticas que pressuponham ou criem falsas necessidades de consumo.

2 – A publicidade da atividade médica deve ser meramente informativa das condições de atendimento ao público e da qualificação profissional do médico cujo título esteja reconhecido pela Ordem.

3 – É vedada aos médicos a divulgação de informação suscetível de ser considerada como garantia de resultados ou que possa ser considerada publicidade enganosa.

4 – A publicação de anúncios em qualquer dos suportes permitido por lei, bem como a divulgação de informações, tem de revestir forma discreta e prudente.

Artigo 57º – Títulos profissionais e académicos

1 – O médico deve respeitar a veracidade dos títulos profissionais e académicos que utilize.

2 – É vedado aos médicos utilizar na prática clínica quaisquer títulos ou designações derivados de provas, concursos ou formação nacional ou internacional que não correspondam à área específica de especialização clínica e que não tenham obtido a prévia concordância da Ordem.

Artigo 58º – Publicitação de estudos, investigações ou descobertas científicas e colaboração com os meios de comunicação social

1 – A publicitação de estudos, investigações ou descobertas científicas deve ser feita através de revistas ou de outras publicações de caráter técnico-científico.

2 – A publicação noutros meios de comunicação social só é aceitável como forma de divulgação de manifesto interesse público e nunca com fins de autopromoção ou publicidade à sua atividade profissional.

CAPÍTULO X - Consultório médico

Artigo 59º – O Consultório médico

O consultório médico é o local de trabalho onde o médico exerce a sua atividade profissional.

Artigo 60º – Instalações, meios técnicos e localização

1 – O consultório médico deve ter instalações e meios técnicos adequados ao exercício da profissão.

2 – Não podem ser realizadas atividades em condições ou locais que possam comprometer a dignidade da profissão, a qualidade dos atos médicos, a reserva da intimidade dos doentes e o respeito pelo segredo médico.

3 – Consideram-se abrangidas pela proibição do número anterior, nomeadamente, as seguintes situações:

a) Farmácias e parafarmácias;

b) Estabelecimentos de vendas de próteses e ortóteses;

c) Estabelecimentos de óticas;

d) Ervanárias.

Artigo 61º – Transmissão de consultório

É vedado aos médicos que exercem a profissão em consultório adquirido por transmissão utilizar o nome ou designação do médico anterior em qualquer ato da sua atividade profissional, inclusive na identificação do próprio consultório.

Artigo 62º – Consultório detidos por sociedades

Os consultórios detidos por sociedades consideram-se abrangidos pelo estabelecido nas normas deontológicas deste Regulamento, respondendo o seu diretor clínico pelo cumprimento das suas disposições, independentemente das responsabilidades individuais que caibam a cada médico.

TÍTULO II – Da vida

CAPÍTULO I – O início da vida

Artigo 63º – Respeito pela vida humana

1 – O médico deve guardar respeito pela vida humana desde o momento do seu início.

2 – O disposto no número anterior não impede a adoção de terapêutica que ponha em perigo ou anule a vida do feto mas que constitua o único meio capaz de preservar a vida da grávida.

Artigo 64º – Interrupção voluntária da gravidez

1 – A interrupção do estado de gravidez, por decisão da mulher, pode ser proposta ao médico nos termos e prazos previstos na lei.

2 – O médico decide sobre a proposta, de acordo com os seus valores profissionais e com a sua consciência.

CAPÍTULO II – Fim da vida

Artigo 65º – O fim da vida

1 – O médico deve respeitar a dignidade do doente no momento do fim da vida.

2 – Ao médico é vedada a ajuda ao suicídio, a eutanásia e a distanásia.

Artigo 66º – Cuidados paliativos

1 – Nas situações de doenças avançadas e progressivas cujos tratamentos não permitem reverter a sua evolução natural, o médico deve dirigir a sua ação para o bem-estar dos doentes, evitando a futilidade terapêutica, designadamente a utilização de meios de diagnóstico e terapêutica que podem, por si próprios, induzir mais sofrimento, sem que daí advenha qualquer benefício.

2 – Os cuidados paliativos, com o objetivo de minimizar o sofrimento e melhorar, tanto quanto possível, a qualidade de vida dos doentes, constituem o padrão do tratamento nas situações a que o número anterior se refere.

Artigo 67º – Morte

1 – O uso de meios de suporte artificial de funções vitais deve ser interrompido após o diagnóstico de morte do tronco cerebral, com exceção das situações em que se proceda à colheita de órgãos para transplante.

2 – Este diagnóstico e correspondente declaração devem ser verificados, processados e assumidos de acordo com os critérios definidos pela Ordem.

3 – O uso de meios extraordinários de manutenção de vida deve ser interrompido nos casos irrecuperáveis de prognóstico seguramente fatal e próximo, quando da continuação de tais terapêuticas não resulte benefício para o doente.

4 – O uso de meios extraordinários de manutenção da vida não deve ser iniciado ou continuado contra a vontade do doente.

5 – Não se consideram meios extraordinários de manutenção da vida, mesmo que administrados por via artificial, a hidratação e a alimentação ou a administração por meios simples de pequenos débitos de oxigénio suplementar.

CAPÍTULO III – Transplante de órgãos e tecidos humanos

Artigo 68º – Colheita de órgãos ou tecidos humanos em pessoa viva

1 – A remoção de órgão ou tecidos a transplantar colhidos do corpo de pessoa viva não é admitida quando, com elevado grau de probabilidade, envolva a diminuição grave e permanente da integridade física ou da saúde do dador.

2 – A remoção de órgãos ou tecidos insubstituíveis e importantes na economia do organismo, mas não indispensáveis à sua sobrevivência, apenas será permitida após esclarecimentos detalhados ao dador e ao recetor dos riscos envolvidos e consequências a curto, médio e longo prazo.

3 – Salvo em situação de urgência, o esclarecimento ao dador e ao recetor, desde que sejam cognitivamente competentes e juridicamente capazes, deve ser facultado ao longo de todo o período das diversas consultas preparatórias, valorizando o risco do procedimento e as suas consequências imediatas e futuras.

4 – Além do esclarecimento referido no número anterior, é aconselhável que o dador seja também esclarecido por médicos que não intervenham no tratamento do recetor.

5 – Tratando-se de dadores menores, o consentimento deve ser prestado pelos pais, desde que não inibidos do exercício do poder paternal, ou, em caso de inibição ou falta de ambos, pelo tribunal.

6 – A dádiva e colheita de órgãos, tecidos e células de menores com capacidade de entendimento e de manifestação de vontade carecem também da concordância destes.

7 – A colheita em maiores incapazes por razões de anomalia psíquica só pode ser feita mediante autorização judicial.

8 – É interdito ao médico participar nos atos descritos no artigo 69º-A, bem como na colheita ou transplantação de tecidos humanos objeto de comercialização.

Artigo 69º – Colheita de órgãos ou tecidos em cadáveres humanos

1 – A colheita de órgãos ou tecidos em cadáver só pode efetuar-se após o preenchimento de todas as regras científicas e normas legais estabelecidas.

2 – A verificação da morte não deve ser feita por médicos que integrem a equipa de transplante.

3 – Nos casos em que se preveja a colheita de órgãos para transplante é permitida a manutenção de meios artificiais de suporte de vida após o diagnóstico de morte do tronco cerebral.

Artigo 69º-A – Crimes relacionados com a transplantação de órgãos humanos

1 – É interdito ao médico realizar, auxiliar ou facilitar:

a) A extração ilícita de órgãos humanos, seja de pessoa viva ou falecida;

b) O transplante de órgãos humanos ilicitamente extraídos;

c) Quaisquer outras atividades ilícitas relativas a órgãos humanos previstas na lei.

2 – Sempre que um médico, envolvido no tratamento de um doente no pré-transplante, tenha conhecimento de factos que indiciem ou confirmem que este está a considerar a hipótese de recorrer a um transplante ilícito, deve tomar as medidas dissuasoras adequadas e outras que se revelem necessárias para impedir a prática do crime, designadamente reportar o caso às autoridades judiciárias competentes para efeitos de investigação criminal, à Ordem dos Médicos e ao Instituto Português do Sangue e da Transplantação, I. P.

3 – Sempre que um médico, envolvido no tratamento ou seguimento de um doente no pós-transplante, tenha conhecimento de factos que indiciem ou confirmem que este foi transplantado em circunstâncias consistentes com o tráfico de órgãos ou com tráfico de pessoas para fins de extração de órgãos, deve reportar o caso às autoridades judiciárias competentes, à Ordem dos Médicos e ao Instituto Português do Sangue e da Transplantação, I. P.

4 – O dever de denúncia referido nos números anteriores deve igualmente ser observado nos casos de avaliação de potenciais dadores vivos, incluindo dadores vivos não residentes, em que haja suspeitas de que a dádiva não é voluntária ou gratuita.

CAPÍTULO IV – Procriação medicamente assistida

Artigo 70º – A procriação medicamente assistida

É lícito o recurso a técnicas de procriação medicamente assistida nos termos da lei.

Artigo 71º – Casos em que o médico pode realizar procriação medicamente assistida

1 – A execução das técnicas de procriação medicamente assistida deve ter sempre como referência ética que a fecundação de ovócitos não deve conduzir sistematicamente à ocorrência de embriões supranumerários, caso em que deve estar disponível a possibilidade de criopreservação para ulterior transferência.

2 – A execução de técnicas de procriação medicamente assistida deve procurar reduzir a incidência de gravidez múltipla.

3 – A maternidade de substituição só pode ser ponderada em situações da maior excecionalidade, nos termos da lei.

4 – É aceitável o recurso a doação de gâmetas em casos específicos e a regulamentar.

Artigo 72º – Casos em que o médico não pode realizar procriação medicamente assistida

1 – O médico não pode realizar a procriação medicamente assistida com qualquer dos objetivos seguintes:

a) Criar seres humanos geneticamente idênticos.

b) Criar embriões humanos para investigação.

c) Criar embriões com o fim de melhorar características, promover a escolha do sexo ou para originar híbridos ou quimeras.

2 – O médico não pode, no âmbito de um processo de procriação medicamente assistida, fazer a aplicação de diagnóstico genético pré-implantação em doenças multifatoriais em que o valor preditor do teste genético seja muito baixo.

3 – Excetuam-se os casos em que haja elevado risco de doença genética grave e de mau prognóstico, para a qual não seja possível a deteção por diagnóstico pré-natal ou diagnóstico genético pré-implantação.

Artigo 73º – Esclarecimento do médico e consentimento dos doentes na procriação medicamente assistida

1 – O esclarecimento do médico aos doentes será feito nos termos do artigo 19º, com as adaptações para a procriação medicamente assistida.

2 – O consentimento dos doentes deverá ser feito, por escrito, nos termos do artigo 20º, com as adaptações para a procriação medicamente assistida.

CAPÍTULO V – Esterilização

Artigo 74º – Laqueação tubária e vasectomia

1 – Os métodos de esterilização irreversível, laqueação tubária e vasectomia só podem ser realizados a pedido do próprio e com o seu expresso e explícito consentimento pleno, após esclarecimentos detalhados sobre os riscos e sobre a irreversibilidade destes métodos.

2 – Exceto em situações urgentes com risco de vida, é desejável a existência de um período de reflexão entre esta prestação de esclarecimentos e a tomada final da decisão.

3 – É expressamente vedada aos médicos a prática de métodos de esterilização irreversíveis por solicitação de terceiros sem consentimento plenamente livre e informado do doente, prestado nos termos do nº 1 deste artigo.

4 – Os métodos de esterilização irreversíveis só devem ser executados em menores ou incapazes após pedido devidamente fundamentado no sen-

tido de evitar graves riscos para a sua vida ou saúde dos seus filhos hipotéticos e, sempre, mediante prévio parecer do Conselho Nacional de Ética e Deontologia da Ordem dos Médicos.

CAPÍTULO VI – Intervenções no genoma humano

Artigo 75º – Testes genéticos

A realização de testes genotípicos de diagnóstico pré-sintomático de doenças genéticas e de testes de suscetibilidade deve apenas ter lugar para fins médicos ou de investigação médica, visando o bem do indivíduo em que forem realizados, não podendo servir propósitos de que decorra discriminação do indivíduo.

Artigo 76º – Terapêutica génica

Qualquer intervenção sobre o genoma humano visando a sua modificação pode apenas ter lugar para fins médicos e, designadamente, terapêutica génica, estando excluída qualquer alteração em células germinais de que resulte modificação genética da descendência.

CAPÍTULO VII – Disforia de género

Artigo 77º – Cirurgia para transição de género

É proibida a cirurgia para transição de género em pessoas morfologicamente normais, salvo nos casos clínicos adequadamente diagnosticados como disforia do género.

Artigo 78º – Pressupostos da terapêutica cirúrgica

O doente sujeito a terapêutica cirúrgica deve ser maior de idade e cognitivamente capaz.

Artigo 79º – Avaliação e acompanhamento clínico

1 – O diagnóstico de Disforia de Género e seu acompanhamento devem seguir as leges artis e deve ter caráter multidisciplinar, sendo realizado por um médico com a Competência em Sexologia Clínica, um especialista em Psiquiatra e um especialista em Endocrinologia, com reconhecida experiência na matéria.

2 – Devem ser obtidos dois diagnósticos de Disforia de Género elaborados por equipas distintas, de modo a obter-se uma avaliação independente.

3 – O médico deve:

a) Acompanhar o doente em todas as fases do Processo de Reatribuição Sexual, desde o estabelecimento do diagnóstico à fase pós-cirúrgica. O período antes da intervenção cirúrgica não deve ser inferior a dois anos;

b) Assegurar que o doente tem apoio Psicológico/Psicoterapêutico ao longo de todo o Processo de Reatribuição Sexual;

c) Assegurar que o doente está isento de distúrbio mental permanente.

Artigo 80º – Esclarecimento do médico e consentimento do doente na cirurgia para transição do género

1 – O esclarecimento do médico deve ser dado nos termos deste Regulamento e deve especificar que a cirurgia não garante a satisfação sexual, mas visa sobretudo contribuir para o equilíbrio psicológico do doente.

2 – O consentimento do doente deve ser prestado por escrito, na presença de pelo menos uma testemunha.

CAPÍTULO VIII – O médico e o indivíduo privado de liberdade

Artigo 81º – O médico e o doente privado de liberdade

1 – O médico que preste, ainda que ocasionalmente, cuidados clínicos em instituições em que o doente esteja, por força da lei, privado da sua liberdade, tem o dever de respeitar sempre o interesse do doente e a integridade da sua pessoa.

2 – O médico deve impedir e denunciar à Ordem qualquer ato lesivo da saúde física ou psíquica dos presos ou detidos, nomeadamente daqueles por cuja saúde é responsável.

Artigo 82º – Tortura

1 – O médico não deve em circunstância alguma praticar, colaborar, consentir ou estar presente em atos de violência, tortura, ou quaisquer outras atuações cruéis, desumanas ou degradantes, seja qual for o crime cometido ou imputado ao preso ou detido e nomeadamente em estado de sítio, de guerra ou de conflito civil.

2 – O médico deve recusar ceder instalações, instrumentos ou fármacos, bem como recusar fornecer os seus conhecimentos científicos para permitir a prática da tortura.

3 – O médico deve denunciar junto da Ordem os atos referidos nos números anteriores.

Artigo 83º – Proibição de meios coercivos

1 – O médico não pode impor coercivamente aos presos ou detidos, capazes de exercer a sua autonomia, exames médicos, tratamentos ou alimentação.

2 – Em caso de perigo para a vida ou grave perigo para a saúde de presos ou detidos, a recusa pelo doente dos atos referidos no nº 1, deve ser confirmada por médico estranho à instituição.

CAPÍTULO IX – Experimentação humana

Artigo 84º – Princípios gerais na experimentação humana

A experimentação humana de novas técnicas ou ensaios clínicos de medicamentos só pode ser posta em prática em estreita observância dos seguintes princípios:

a) O bem do indivíduo deve prevalecer sobre os interesses da ciência e da comunidade;

b) A integridade física e psíquica do indivíduo envolvido deve ser escrupulosamente respeitada;

c) Os resultados obtidos na experimentação animal devem permitir concluir que os riscos para o indivíduo a submeter ao ensaio são proporcionais aos benefícios que para esse indivíduo se apresentam como previsíveis;

d) A realização da experimentação deve ser feita por médico cientificamente qualificado e com o objetivo de beneficiar o indivíduo ou outros que possam vir a beneficiar do ensaio realizado;

e) O médico que participe em qualquer experimentação tem o dever de comunicar, nos termos da lei, todos os conflitos de interesse que possam ser invocados, nomeadamente relacionamento atual ou passado com empresas produtoras de produtos farmacêuticos ou dispositivos médicos;

f) A investigação de novos fármacos deve ser feita por comparação com terapêuticas eficazes conhecidas, quando existam;

g) A todas as pessoas envolvidas na investigação deve ser assegurada a continuação de terapêutica eficaz após o fim do ensaio.

Artigo 85º – Experimentação em indivíduo saudável

A experimentação em indivíduos saudáveis deve revestir-se de especiais cuidados, evitando-se qualquer risco previsível para a sua integridade física e psíquica, só podendo ser realizada após a prestação de consentimento informado escrito.

Artigo 86º – Experimentação em casos especiais

1 – Em caso de doentes incuráveis no estado atual dos conhecimentos médicos, inclusive na fase terminal da doença, o ensaio de novas terapêuticas médico-cirúrgicas deve apresentar razoáveis probabilidades de se revelar útil e ter em conta particularmente o bem-estar físico e psíquico do doente, sem lhe impor sofrimento, desconforto ou encargos desnecessários ou desproporcionados em face dos benefícios esperados.

2 – A experimentação em menores e incapazes é eticamente admissível, desde que diretamente ditada pelo interesse dos mesmos.

3 – A experimentação em mulheres grávidas só é eticamente admissível quando não possa ser realizada noutras circunstâncias e tenha interesse direto para a mãe ou para o filho e desde que dela não possa resultar grave prejuízo para a saúde ou para a vida do outro.

4 – É proibida a experimentação em indivíduos privados de liberdade.

Artigo 87º – Ensaio de novos medicamentos

O ensaio de novos medicamentos, especialmente com utilização do método da dupla ocultação, não pode privar deliberadamente o doente de tratamento reconhecidamente eficaz, cuja omissão faça correr riscos desproporcionados.

Artigo 88º – Garantias éticas

Qualquer investigação de diagnóstico ou de terapêutica, médica ou cirúrgica, deve revestir-se de garantias éticas, apoiadas nas comissões de ética das instituições de saúde onde se realiza a investigação, e apreciadas, sempre que tal se justifique, pelo Conselho Nacional de Ética e Deontologia Médicas da Ordem.

Artigo 89º – Consentimento livre e esclarecido na experimentação humana

1 – O médico investigador deve informar a natureza, o alcance, as consequências, os riscos e os benefícios previsíveis do ensaio, bem como os métodos e objetivos prosseguidos, facultando a documentação adequada que deve ser escrita de forma clara e em termos compreensíveis.

2 – O médico deve disponibilizar-se para qualquer esclarecimento adicional que o doente entenda necessário.

3 – O consentimento deve ser prestado nos termos gerais, observando-se o seguinte:

a) Deve ser feito por escrito, datado e assinado, ficando o doente com uma cópia do consentimento dado;

b) Excecionalmente, se o declarante não estiver em condições de dar o seu consentimento por escrito, pode ser dado oralmente, na presença de duas testemunhas da sua confiança e não relacionadas com a investigação, ficando o ato de autorização devidamente documentado com a identificação das testemunhas.

4 – O consentimento deve salvaguardar a interrupção da experimentação a qualquer momento, sem qualquer contrapartida por parte do sujeito daquela e sem perda do direito do doente a ser tratado da melhor forma.

Artigo 90º – Confidencialidade na experimentação

Todos aqueles que participem em experimentações ou, por qualquer modo, tiverem conhecimento da sua realização estão obrigados a não revelar quaisquer dados a que tenham acesso, exceto quando a manutenção do segredo ponha em risco a saúde do doente.

Artigo 91º – Independência do médico na experimentação

1 – O médico responsável pela experimentação ou ensaio deve ter total independência relativamente a qualquer entidade com interesse comercial na promoção de tratamentos ou técnicas.

2 – O médico responsável deve assegurar-se do rigor científico do ensaio e obter a garantia da publicação do universo dos resultados.

TÍTULO III – O Médico ao Serviço da Comunidade

CAPÍTULO I – Responsabilidades do médico perante a comunidade

Artigo 92º – Princípio geral de colaboração

1 – Seja qual for o seu estatuto profissional, o médico deve, com pleno respeito pelos preceitos deontológicos, colaborar e apoiar as entidades prestadoras de cuidados de saúde.

2 – Pode porém cessar a sua colaboração em caso de grave violação dos direitos, liberdades e garantias individuais das pessoas que lhe estão confiadas, ou em caso de grave violação da dignidade, liberdade e independência da sua ação profissional.

3 – O médico pode, ainda, recusar a sua colaboração em situações concretas relativamente às quais invoque o direito à objeção de consciência.

Artigo 93º – Responsabilidade social

1 – O médico no exercício do seu direito à independência na orientação dos cuidados e na escolha da terapêutica deve assumir uma atitude responsável perante os custos globais da saúde.

2 – O médico deve prestar os melhores cuidados possíveis no condicionalismo financeiro existente, mas não pode, em função deste, realizar ou prescrever o que considere deletério para o doente.

3 – Em caso algum pode o médico prescrever terapêuticas ou solicitar exames complementares de diagnóstico que não visem o interesse direto do doente a seu cargo.

4 – É proibida qualquer forma de prescrição que vise o interesse financeiro do próprio médico ou de terceiros.

5 – O médico tem obrigação de conhecer os custos das terapêuticas que prescreve, devendo optar pelos menos onerosos, desde que esta atitude não prejudique os interesses do doente.

Artigo 94º – Emissão de documentos

Sem prejuízo do segredo profissional, o médico deve emitir a documentação necessária para que o doente possa exercer os seus direitos.

Artigo 95º – Saúde pública

No exercício da sua profissão, deve o médico cooperar para a defesa da saúde pública, competindo-lhe designadamente:

a) Participar prontamente às autoridades de saúde os casos de doenças contagiosas de declaração obrigatória e os casos de doenças contagiosas graves ou de fácil difusão;

b) Prestar serviços profissionais em caso de epidemia, sem abandonar os seus doentes, sempre que tal lhe seja solicitado pelas autoridades de saúde;

c) Prestar serviços profissionais em caso de catástrofe, oferecendo os seus préstimos às autoridades e atuando em coordenação com elas;

d) Cooperar com as autoridades na execução de medidas destinadas a prevenir o uso ilícito de drogas;

e) Prestar informações, no que seja do seu conhecimento, à autoridade de saúde, sobre os factos e circunstâncias que possam respeitar à saúde pública e responder a qualquer inquérito quando por elas solicitado;

f) Obedecer às determinações das autoridades de saúde, sem prejuízo do cumprimento das normas deontológicas;

g) Desencadear os mecanismos adequados de ajuda a colegas vítimas de doença física ou psíquica quando estes não reconheçam a sua doença.

Artigo 96º – Declaração, verificação e certificado de óbito

1 – A declaração de óbito deve ser confirmada pelo certificado de óbito, emitido pelo médico que o verifique, em suporte oficialmente aprovado.

2 – No certificado de óbito de pessoa a quem o médico tenha prestado assistência, este deve indicar a doença causadora da morte, se dela tiver conhecimento. Para este efeito, considerar-se-á como assistente o médico que tenha preceituado ou dirigido o tratamento da doença até à morte, ou que tenha visitado ou dado consulta extra-hospitalar ao doente dentro da semana que tiver precedido o óbito. Exclui-se desta obrigação o médico que tenha prestado assistência trabalhando em instituições oficiais de saúde, as quais devem fornecer ao médico assistente ou à autoridade de saúde as informações necessárias.

3 – Havendo indícios de morte violenta ou se o médico ignorar a causa da morte, este deve comunicar imediatamente o fato às autoridades competentes, a fim de estas promoverem as diligências necessárias à averiguação da causa da morte e das circunstâncias em que esta tenha ocorrido.

4 – O médico deve participar à autoridade competente todos os casos de falecimento do indivíduo a quem não tenha prestado assistência médica nos termos do nº 2 e cujo óbito tenha verificado.

5 – O médico deve participar à autoridade de saúde local os casos de óbito por doenças contagiosas consideradas graves ou de fácil difusão.

6 – O médico deve indicar no certificado de óbito a necessidade de inumação fora do prazo legal, nomeadamente de inumação urgente, em caso de epidemia ou doença contagiosa que assim o exija, ou de qualquer outra circunstância que interesse à saúde pública, devendo preceituar, em caso de ausência da respetiva autoridade de saúde, as condições de isolamento, transporte e inumação do cadáver.

Artigo 97º – Dever de isenção no exercício da atividade

O médico que presta serviço em estabelecimento de saúde não deve exercer essas funções em proveito da sua clínica particular ou de qualquer outra instituição de cuidados de saúde.

Artigo 98º – Dever de prevenir a Ordem

É dever imperioso do médico comunicar à Ordem, de forma rigorosa, objetiva e confidencial, as atitudes fraudulentas ou de incompetência no exercício da Medicina de que tenha conhecimento, aceitando depor nos processos que, em consequência, sejam instaurados.

Artigo 99º – Requisitos mínimos das prescrições

1 – As prescrições de terapêuticas e de exames de diagnóstico devem obedecer, salvo disposição legal em contrário, aos seguintes requisitos mínimos:

a) Devem ser claras, redigidas de forma legível, conterem informação que permita o contacto imediato do médico em caso de dúvida e devem apresentar de forma inequívoca o nome e o número da cédula profissional do médico prescritor;

b) Ser redigidas em língua portuguesa, manuscritas a tinta com letra bem legível ou impressas de forma bem percetível, sem abreviaturas não consagradas e devidamente datadas e validadas com assinatura, quando for o caso.

2 – As doses prescritas serão expressas de harmonia com o sistema decimal, devendo as doses menos habituais serem convenientemente assinaladas, designadamente através da simultânea menção por extenso e por algarismos, por sublinhado ou por qualquer outra forma julgada adequada.

3 – Sempre que haja necessidade de usar um fármaco prolongadamente, pode o médico calcular e prescrever o total de doses para o tempo a decorrer até à consulta seguinte.

4 – As receitas devem ser acompanhadas de instruções claras sobre a dose, o horário de administração e a finalidade dos fármacos prescritos.

5 – Os relatórios médicos, nomeadamente os referentes a exames especializados, devem ser redigidos com clareza e respeitar o estabelecido nas alíneas a) e b) do nº 1 deste artigo.

CAPÍTULO II – Médico perito

Artigo 100º – O médico perito

1 – O médico encarregue de funções de caráter pericial deve submeter-se aos preceitos deontológicos, não podendo aceitar que ponham em causa esses preceitos.

2 – Todo o médico, desde que reúna a respetivas competências, tem o dever de prestar colaboração como perito quando para tal for solicitado ou indicado pela Ordem.

3 – Para o efeito do número anterior entende-se que o médico reúne as competências para a peritagem sempre que possua o título da especialidade, da subespecialidade ou detenha uma competência atribuída pela Ordem dos Médicos, que permita diferenciá-lo para a perícia a realizar.

4 – O médico que desempenhe funções periciais não pode aproveitar esse facto como meio de publicidade profissional, direta ou indireta.

Artigo 101º – Independência do médico perito

O médico encarregado de funções periciais deve assumir uma atitude de total independência em face da entidade que o tiver mandatado e das pessoas que tiver de examinar, recusando-se a examinar quaisquer pessoas com quem tenha relações suscetíveis de influir na liberdade dos seus juízos.

Artigo 102º – Incompatibilidades do médico perito

1 – As funções de médico assistente e médico perito são incompatíveis, não devendo ser exercidas pela mesma pessoa.

2 – São aplicáveis aos médicos peritos os impedimentos e suspeições previstos na lei.

3 – Não são consideradas perícias para efeitos do presente artigo a emissão de declarações ou atestados de doença ou saúde, bem como quaisquer declarações que resultem do normal exercício da atividade médica.

Artigo 103º – Limites de atuação do médico perito

1 – O médico encarregado de função pericial deve circunscrever a sua atuação à função que lhe tiver sido confiada.

2 – Se no decurso de exame descobrir afeção insuspeitada, um possível erro de diagnóstico ou um sintoma importante e útil à condução do tratamento que possa não ter sido tomado em consideração pelo médico assistente, deve comunicá-lo a este, pela via que considere mais adequada.

Artigo 104º – Deveres do médico perito

Antes de intervir, o médico perito deve certificar-se de que a pessoa a examinar tem conhecimento da sua qualidade, da missão de que está encarregado e da sua obrigação de comunicar à entidade mandante os resultados da mesma.

Artigo 105º – Exames a realizar pelo médico perito

1 – O médico perito deve utilizar sempre e só os meios de exame estritamente necessários à sua missão e não prejudiciais ao examinando, abstendo-se de realizar a perícia sempre que este se recuse a deixar-se examinar.

2 – Em exame pericial, o médico não pode utilizar métodos ou substâncias farmacodinâmicas que tenham como efeito privar o examinando da faculdade de livre determinação.

3 – O relatório final não deve incluir elementos alheios às questões postas pela entidade requerente.

Artigo 106º – Perícias colegiais

1 – A perícia pode ser realizada por mais de um médico, em moldes colegiais ou interdisciplinares.

2 – O médico, em perícias colegiais que integrem não médicos, deve assegurar uma clara separação de funções e preservar os princípios da ética médica, nomeadamente os expressos neste Código, restringindo o acesso a elementos clínicos e outros sujeitos a segredo médico apenas aos médicos.

3 – Caso não seja possível assegurar a separação de funções e respeito dos princípios da ética médica referidos no número anterior, os médicos

devem recusar integrar estas perícias colegiais, exceto se houver disposição expressa da lei que o imponha ou se for dada ordem nesse sentido por autoridade competente para o efeito, devendo neste caso ser prévia à realização da perícia.

4 – As circunstâncias mencionadas na parte final do número anterior devem constar no relatório da perícia ou documento equivalente.

5 – Se se verificarem divergências entre os membros da perícia colegial quanto aos meios do exame, às conclusões ou a qualquer outro aspeto relevante para a perícia, este facto deve ficar registado no relatório da perícia ou em documento equivalente.

TÍTULO IV – Relações entre médicos

CAPÍTULO I – Princípios gerais de relacionamento

Artigo 107º – Princípio geral da relação entre médicos

1 – Constitui dever dos médicos, nas suas relações recíprocas, proceder com a maior correção e urbanidade.

2 – Todos os médicos têm direito a ser tratados com respeito e consideração pelos seus colegas, sem discriminação ou perseguição, nomeadamente com base na ascendência, sexo, raça, língua, território de origem, religião, convicções políticas ou ideológicas, diferenciação, situação económica, condição social ou orientação sexual.

Artigo 108º – Solidariedade entre médicos

1 – A solidariedade entre médicos constitui dever fundamental do médico e deve ser exercida com respeito mútuo e tendo em atenção os interesses dos doentes.

2 – O médico não deve fazer declarações desprimorosas ou falsas sobre a competência de um colega, os tratamentos por este prescritos, os seus comportamentos ou outras características, e por essa forma tentar influir na livre escolha do médico pelo doente ou na seleção de um empregador.

3 – O médico não deve fazer afirmações ou declarações públicas contra colegas.

4 – Não constitui falta ao dever de solidariedade, mas uma obrigação ética, o facto de um médico comunicar à Ordem, de forma objetiva e com

a devida discrição, as infrações dos seus colegas contra as regras técnicas e deontológicas da profissão médica.

Artigo 109º – Conflitos ou diferenças de opinião

1 – Um médico não deve criticar, perante o doente ou terceiros, a decisão de outro médico relativamente a um doente.

2 – Se um médico considera que o diagnóstico, tratamento ou qualquer decisão técnica de um colega é incorreta, tem a obrigação de lhe dar a conhecer diretamente a sua opinião.

3 – Os conflitos ou as diferenças de opinião relativos à conduta entre médicos que não possam ser resolvidos consensualmente devem ser comunicados à Ordem.

4 – Os deveres consagrados neste artigo subordinam-se sempre às necessidades de salvaguardar a vida e a saúde do doente.

Artigo 110º – Dever de auxílio

1 – Em benefício dos seus doentes, os médicos têm o dever de partilhar os seus conhecimentos científicos, sem qualquer reserva.

2 – Se um médico pede auxílio para o tratamento de um doente, os colegas devem sempre prestá-lo.

Artigo 111º – Pedido de segunda opinião

1 – O médico deve encorajar o doente a pedir uma segunda opinião caso o entenda útil ou se aperceba de que é essa a vontade do doente.

2 – Neste caso, o médico deve fornecer todos os elementos relevantes que possam ser utilizados por outros médicos.

Artigo 112º – Interferência com médico assistente

1 – O médico não deve interferir na assistência que esteja a ser prestada por outro colega a um doente.

2 – Não se considera haver interferência nas situações de urgência ou de consulta livre por parte do doente a outro médico; todavia este tem a obrigação de advertir o paciente do prejuízo de existir uma assistência médica múltipla, não consensual.

3 – O médico que tiver, ocasionalmente, acesso a informação clínica de que discorde de forma relevante e que tenha potenciais consequências para o doente, deve comunicar a sua opinião ao médico assistente do doente.

Artigo 113º – Médico incapacitado

1 – Se um médico se tornar incapaz de tratar os seus doentes, por doença ou qualquer outra razão, é dever dos colegas tomarem as medidas necessárias para que de tal circunstância não advenha perigo ou dano para os doentes.

2 – É dever dos médicos prestar auxílio ao colega incapaz e, se necessário, informar a Ordem para que esta desencadeie as medidas adequadas à prevenção de perigo ou dano para os doentes e para o próprio médico.

Artigo 114º – Exercício em equipa

1 – O exercício da medicina em equipa, seja ela integrada por médicos da mesma ou de diferentes especialidades, subespecialidades ou competências, não prejudica a responsabilidade técnica própria da qualificação, nem a responsabilidade deontológica, de cada médico.

2 – A hierarquia na equipa assistencial deve ser respeitada, mas não pode constituir instrumento de domínio ou exaltação pessoal.

3 – O médico que detiver a direção da equipa deverá aceitar a decisão de abstenção de atuar quando invocada por algum dos seus elementos que opuser uma objeção científica fundamentada ou de consciência.

4 – O médico que detiver a direção da equipa providenciará para que exista um ambiente de exigência ética e de tolerância que proporcione a diversidade de opiniões profissionais, podendo, contudo, definir padrões técnicos de atuação, sem prejuízo do disposto no número anterior.

Artigo 115º – Médico como superior hierárquico ou formador

1 – O médico que exerça funções hierárquicas superiores ou de formação tem a obrigação de, sem prejuízo do dever de respeito, controlar o trabalho dos médicos subordinados ou formandos devendo, ainda, intervir sempre que detete condutas incorretas daqueles no âmbito do procedimento médico, da orientação do diagnóstico e da terapêutica, das relações com os familiares dos doentes ou com quaisquer profissionais de saúde.

2 – A intervenção a que se refere o número anterior deve ser feita de forma discreta e com o intuito de esclarecer e corrigir as incorreções verificadas.

3 – O médico superior hierárquico ou formador deve proceder à pronta correção do erro verificado nas situações em que possa estar em risco a saúde ou a vida do doente.

Artigo 116º – Publicações ou comunicações

1 – Nas publicações ou outras comunicações, o médico deve respeitar e difundir o trabalho desenvolvido pela equipa que nelas tenha colaborado, bem como a utilização dos conhecimentos de outros especialistas, se for o caso.

2 – É vedado ao médico ser autor ou coautor de artigo ou comunicação para o qual não tenha contribuído diretamente ou com o qual não concorde.

CAPÍTULO II – Exames e terapêuticas especializadas

Artigo 117º – Dever de recomendação

1 – Quando o doente necessitar de exame ou terapêutica especializados que o médico assistente considere ultrapassarem a sua competência deve este, com o acordo do doente e com a celeridade possível, sugerir-lhe o colega que julgue competente para o caso, devendo facultar os dados necessários para o efeito.

2 – A fim de assegurar a continuidade dos cuidados ao doente, o médico consultor deve remeter, logo que possível, os resultados e as conclusões do seu exame.

Artigo 118º – Dever de informar o médico assistente

O médico que seja consultado por um doente, sem que este tenha sido referenciado pelo respetivo médico assistente deve, sempre que o considere útil ou tal lhe seja expressamente solicitado, fornecer ao médico assistente daquele, por escrito, as conclusões do seu exame.

Artigo 119º – Troca de informação

1 – O médico assistente que envie um doente a um hospital deve transmitir aos respetivos serviços médicos os elementos necessários à continuidade dos cuidados clínicos.

2 – Os médicos responsáveis pelo doente no decurso do seu internamento hospitalar devem prestar ao médico assistente todas as informações úteis acerca do respetivo caso clínico, através de relatório escrito.

TÍTULO V – Relações dos médicos com terceiros

CAPÍTULO I – Relações com estabelecimentos de cuidados médicos

Artigo 120º – Primado da deontologia médica

O estatuto profissional do médico nas unidades de saúde não pode sobrepor-se às normas da deontologia profissional.

Artigo 121º – Liberdade de escolha dos meios de diagnóstico e tratamento

1 – A liberdade de escolha pelo médico dos meios de diagnóstico e tratamento não pode ser limitada por disposição estatutária, contratual ou regulamentar, ou por imposição da entidade de prestação de cuidados médicos.

2 – O disposto no número anterior não impede o controlo médico hierarquizado do ato médico, o qual deve realizar-se sempre no interesse do doente.

3 – O disposto anteriormente não obsta à existência de orientações, normas e protocolos respeitantes à utilização de meios complementares de diagnóstico e tratamento, desde que aprovados pela Ordem dos Médicos ou pela Direção Clínica da Unidade de Saúde, após ampla discussão e consenso com os médicos abrangidos.

Artigo 122º – Estruturas médicas

1 – Na regulamentação de uma entidade prestadora de cuidados médicos rejeita-se qualquer cláusula que, para apreciação de litígios de ordem deontológica entre médicos, reconheça competência a não médicos.

2 – O estatuto, contrato ou documento regulador das relações entre médicos e instituições, deve prever que o médico manterá supremacia hierárquica técnica sobre o pessoal colaborador em tudo o que respeite à assistência médica.

CAPÍTULO II – Relações com outros profissionais de saúde

Artigo 123º – As relações com outros profissionais de saúde

O médico, nas suas relações com os outros profissionais de saúde, deve respeitar a sua independência e dignidade.

Artigo 124º – Dever de cooperação

1 – O médico, nas relações com os seus colaboradores não médicos, deve observar uma conduta de cooperação, mútuo respeito e confiança.

2 – O médico deve assumir a responsabilidade dos atos praticados pelos seus auxiliares desde que atuem no exato cumprimento das suas diretivas.

Artigo 125º – Dever de respeito pelas competências de outros profissionais de saúde

1 – O médico deve respeitar os limites de atuação de cada uma das profissões da área da saúde na procura dos melhores resultados para o doente.

2 – O médico não deve incumbir quaisquer profissionais de saúde de serviços ou tarefas que excedam os limites da sua competência.

3 – Sem prejuízo do dever de esclarecimento é proibido ao médico exercer influência sobre os doentes para privilegiar quaisquer intervenientes na prestação de cuidados de saúde.

4 – Deve o médico, sempre que tome conhecimento de factos que denunciem improbidade ou incompetência de profissionais de saúde, comunicá-los à Ordem ou à entidade competente respetiva.

Artigo 126º – Atos proibidos

1 – É proibida a venda pelo médico de medicamentos, dispositivos ou outros produtos médicos aos seus doentes.

2 – O médico pode fornecer gratuitamente amostras com fins científicos ou de solidariedade, assim como, pode fornecer, nos casos de socorros urgentes, os produtos a que se refere o nº 1 e ainda os produtos de contraste ou outros medicamentos necessários à execução de exames radiológicos, laboratoriais ou outros.

Artigo 127º – Colaboradores dos médicos

O médico não deve permitir que os seus colaboradores não-médicos prestem aos doentes serviços da sua competência que não tenha prescrito.

Artigo 128º – Encobrimento do exercício ilegal da medicina

1 – O médico não pode encobrir, ainda que indiretamente, qualquer forma de exercício ilegal da Medicina.

2 – No quadro das relações profissionais com os seus colaboradores não-médicos, deve o médico abster-se de iniciativas que possam levar estes a exercerem ilegalmente a Medicina.

CAPÍTULO III – Relações com a indústria farmacêutica e outras

Artigo 129º – Princípios gerais do relacionamento com a indústria

1 – O médico não pode solicitar ou aceitar ofertas de qualquer natureza por parte da indústria farmacêutica ou outros fornecedores de material clínico, salvo nos casos especificados no artigo seguinte.

2 – É proibida qualquer forma de retribuição ao médico em contrapartida da prescrição.

3 – Nas apresentações científicas, na atividade docente e na comunicação de resultados de investigação deve o médico revelar os seus interesses e outras relações com a indústria farmacêutica ou fornecedores de dispositivos médicos.

Artigo 130º – Exceções

1 – Os médicos podem aceitar ofertas, por parte da indústria farmacêutica ou de outros fornecedores de dispositivos médicos ou material clínico, que tenham valor intrínseco insignificante.

2 – Os médicos podem, também, receber livros científicos e técnicos de referência ou qualquer outra informação ou material com fins especificamente formativos, desde que estejam relacionadas diretamente com a prestação de cuidados médicos ou envolvam benefício direto para os doentes.

3 – Os médicos podem ainda aceitar, por parte da indústria farmacêutica ou de outros fornecedores de dispositivos médicos ou de material clínico, as seguintes ofertas:

a) Bolsas de estudo ou prémios científicos atribuídos publicamente por um júri independente de reconhecida idoneidade;

b) Fundos que possibilitem a participação dos médicos em estágios, congressos ou outras reuniões científicas, que contribuam para o aperfeiçoamento profissional dos médicos, desde que acreditados pela Ordem, e mediante a apresentação de comprovativo documental idóneo da participação no evento;

c) Fundos que possibilitem a organização por parte dos médicos de congressos, simpósios e outras ações de formação científica que contribuam reconhecidamente para o aperfeiçoamento profissional dos médicos, desde que acreditados pela Ordem.

4 – Para os efeitos previstos nas alíneas b) e c) do número anterior, a Ordem dos Médicos é a única entidade que procede à avaliação da idoneidade científica dos eventos.

5 – A apreciação da idoneidade científica dos eventos é definida em Regulamento próprio.

20 de maio de 2016. – O Bastonário, *José Manuel Monteiro de Carvalho e Silva.*

Regulamento Disciplinar da Ordem dos Médicos

Aprovado pelo Regulamento nº 631/2016, publicado no Diário da República nº 130/2016, Série II, de 8 de julho de 2016

Preâmbulo

Com a publicação da Lei nº 2/2013, de 10 de janeiro, que aprovou o regime jurídico de criação, organização e funcionamento das associações públicas profissionais, tornou-se necessário proceder à revisão do Estatuto da Ordem dos Médicos, adequando-o ao regime jurídico aprovado e às alterações que marcaram o ordenamento jurídico nestas últimas décadas. Tal revisão foi operada através da Lei nº 117/2015, de 31 de agosto, que, para além de importantes alterações ao nível da estrutura da Ordem dos Médicos, prevê no seu articulado a existência de diversos regulamentos que têm que se conformar com o conteúdo do Estatuto.

Tendo em atenção que é atribuição da Ordem dos Médicos, de acordo com o disposto na alínea g) do nº 1 do artigo 3º do seu Estatuto, o exercício do poder disciplinar sobre os médicos e que o Anexo ao Estatuto da Ordem dos Médicos, aprovado pelo Decreto-Lei nº 282/77, de 5 de julho, com a redação que lhe foi dada pela Lei nº 117/2015, de 31 de agosto apenas contém os princípios gerais das regras disciplinares que regulam os processos a que se referem o nº 2 do artigo 63º e o nº 2 do artigo 68º do referido diploma, importa agora desenvolver regulamentarmente a tramitação a que deve obedecer o procedimento disciplinar.

Para um melhor enquadramento e completa perceção das regras aplicáveis por parte dos seus destinatários, no presente Regulamento reproduzem-se ainda os princípios gerais, de modo a que seja apenas utilizado um único instrumento legal, com a garantia de que no mesmo estão compilados todos os preceitos pertinentes.

O projeto deste Regulamento Disciplinar foi publicado no Diário da República para consulta pública, nos termos do disposto no artigo 101º do Código do Procedimento Administrativo, e simultaneamente publicitado no portal da Ordem dos Médicos.

Finalmente, a Assembleia de Representantes, reunida no Porto no dia 20 de maio de 2016, nos termos do disposto na alínea b) do artigo 49º do Estatuto da Ordem dos Médicos, na redação introduzida pela Lei nº 117/2015, deliberou aprovar, sob proposta do Conselho Nacional, o presente Regulamento Disciplinar

Assim, ao abrigo do disposto no artigo 9º do Estatuto da Ordem dos Médicos e em desenvolvimento do estabelecido no seu Anexo ao mesmo, aprovado pelo Decreto-Lei nº 282/77, de 5 de julho, com as alterações resultantes da Lei nº 117/2015, de 31 de agosto, é aprovado o:

Regulamento Disciplinar

CAPÍTULO I - Disposições gerais

Artigo 1º - Infração disciplinar

1 - Considera-se infração disciplinar toda a ação ou omissão que consista em violação por qualquer membro da Ordem, dos deveres consignados no Estatuto da Ordem, no anexo a este e nos respetivos regulamentos.

2 - A infração disciplinar é:

a) Leve, quando o arguido viole de forma negligente os deveres profissionais a que se encontra adstrito no exercício da profissão;

b) Grave, quando o arguido viole com dolo ou culpa grave os deveres profissionais a que se encontra adstrito no exercício da profissão;

c) Muito grave, quando o arguido viole os deveres profissionais a que está adstrito no exercício da profissão, afetando com a sua conduta, de forma grave, a dignidade e o prestígio da profissão.

3 - As infrações disciplinares previstas no presente anexo e demais disposições legais e regulamentares aplicáveis são puníveis a título de dolo ou negligência.

Artigo 2º – Jurisdição disciplinar

1 – Os membros da Ordem estão sujeitos ao poder disciplinar dos seus órgãos nos termos previstos no Estatuto, no anexo e no presente regulamento disciplinar.

2 – A suspensão ou o cancelamento da inscrição na Ordem não faz cessar a responsabilidade disciplinar por infrações anteriormente praticadas pelo membro da Ordem.

3 – Durante o tempo de suspensão da inscrição o membro continua sujeito ao poder disciplinar da Ordem.

4 – A punição com a sanção de expulsão não faz cessar a responsabilidade disciplinar do membro da Ordem relativamente às infrações por ele cometidas antes da decisão definitiva que tenha aplicado aquela sanção.

Artigo 3º – Independência da responsabilidade disciplinar dos membros da Ordem

1 – A responsabilidade disciplinar é independente da responsabilidade civil e criminal decorrente da prática do mesmo facto e coexiste com qualquer outra prevista na lei.

2 – A responsabilidade disciplinar perante a Ordem coexiste com qualquer outra prevista por lei.

3 – O processo disciplinar é promovido independentemente de qualquer outro e nele se resolvem todas as questões que interessarem à decisão da causa, sem prejuízo da sua apreciação, nos termos legais, para outros efeitos.

4 – Quando, com fundamento nos mesmos factos, tiver sido instaurado processo penal contra membro da Ordem e, para se conhecer da existência de uma infração disciplinar, for necessário julgar qualquer questão que não possa ser convenientemente resolvida no processo disciplinar, pode ser ordenada a suspensão do processo disciplinar durante o tempo em que, por força de decisão jurisdicional ou de apreciação jurisdicional de qualquer questão, a marcha do correspondente processo não possa começar ou continuar a ter lugar.

5 – A suspensão do processo disciplinar, nos termos do número anterior, é comunicada pela Ordem à autoridade judiciária competente, a qual deve ordenar a remessa à Ordem de cópia do despacho de acusação e, se a ele houver lugar, do despacho de pronúncia.

6 – Logo que a Ordem tenha conhecimento da decisão ou apreciação jurisdicional referida no nº 4 e quando não tenha havido lugar à resolução da questão, esta é decidida no processo disciplinar.

7 – Sempre que, em processo penal contra membro, for designado dia para a audiência de julgamento, o tribunal deve ordenar a remessa à Ordem, preferencialmente por via eletrónica, do despacho de acusação ou do despacho de pronúncia, bem como quaisquer outros elementos solicitados pelo órgão disciplinar competente.

8 – A responsabilidade disciplinar dos membros perante a Ordem, decorrente da prática de infrações, é independente da responsabilidade disciplinar por violação dos deveres emergentes de relações de trabalho.

Artigo 4º – Responsabilidade disciplinar dos profissionais em livre prestação de serviços

Os profissionais que prestem serviços em território nacional em regime de livre prestação são equiparados aos membros da Ordem, para efeitos disciplinares, nos termos do nº 2 do artigo 4º da Lei 9/2009, de 4 de março, alterada pelas Leis 41/2012, de 28 de agosto e 25/2014, de 2 de maio, com as especificidades constantes do nº 8 do artigo 13º e deste regulamento disciplinar.

Artigo 5º – Responsabilidade disciplinar das sociedades profissionais

As pessoas coletivas membros da Ordem estão sujeitas ao poder disciplinar dos órgãos desta última nos termos do Estatuto da Ordem, do presente anexo e da lei que regula a constituição e o funcionamento das sociedades de profissionais.

Artigo 6º – Prescrição do procedimento disciplinar

1 – O direito a instaurar o procedimento disciplinar prescreve no prazo de cinco anos, a contar da prática do ato, ou do último ato em caso de prática continuada.

2 – Se a infração disciplinar constituir simultaneamente infração criminal para a qual a lei estabeleça prescrição sujeita a prazo mais longo, o procedimento disciplinar apenas prescreve após o decurso deste último prazo.

3 – O prazo de prescrição do procedimento disciplinar corre desde o dia em que o facto se tiver consumado.

4 – O prazo de prescrição só corre:

a) Nas infrações instantâneas, desde o momento da sua prática;

b) Nas infrações continuadas, desde o dia da prática do último ato;

c) Nas infrações permanentes, desde o dia em que cessar a consumação.

5 – O procedimento disciplinar também prescreve se, desde o conhecimento pelo órgão competente para a instauração do mesmo ou desde a participação efetuada nos termos do nº 1 do artigo 11º, não se iniciar o procedimento disciplinar competente no prazo de um ano.

6 – O prazo de prescrição do procedimento disciplinar suspende-se durante o tempo em que o procedimento disciplinar estiver suspenso, a aguardar despacho de acusação ou de pronúncia em processo penal ou uma decisão de primeira instância, dependendo da complexidade do processo.

7 – O prazo de prescrição volta a correr a partir do dia em que cessar a causa da suspensão.

8 – O prazo de prescrição do procedimento disciplinar, referido nos nºs 1 e 5, interrompe-se com a notificação ao arguido:

a) Da instauração do procedimento disciplinar;

b) Da acusação.

9 – A prescrição do procedimento disciplinar tem sempre lugar quando, desde o seu início e ressalvado o tempo de suspensão, tiver decorrido o prazo normal da prescrição acrescido de metade.

Artigo 7º – Cessação da responsabilidade disciplinar

1 – Durante o tempo de suspensão da inscrição o membro da Ordem continua sujeito ao poder disciplinar da Ordem.

2 – O cancelamento da inscrição não faz cessar a responsabilidade disciplinar por infrações anteriormente praticadas.

Artigo 8º – Exercício da ação disciplinar

1 – Têm legitimidade para participar à Ordem factos suscetíveis de constituir infração disciplinar:

a) Os órgãos executivos da Ordem;

b) Qualquer pessoa, independentemente de ser direta ou indiretamente afetada pelos factos participados;

c) O Ministério Público, nos termos do nº 3.

2 – Os tribunais e quaisquer autoridades devem dar conhecimento à Ordem da prática, por parte de membros da Ordem, de factos suscetíveis de constituir infração disciplinar.

3 – O Ministério Público e os órgãos de polícia criminal remetem à Ordem certidão das denúncias, participações ou queixas apresentadas con-

tra membros da Ordem e que possam consubstanciar factos suscetíveis de constituir infração disciplinar.

Artigo 9º – Participação disciplinar

1 – A participação deve ser redigida em língua portuguesa, sem necessidade de formalismos especiais, e deve ser inteligível, com relato concretizado dos factos suscetíveis de constituírem infração disciplinar, identificação do médico visado, e manifestando clara intenção de participação disciplinar.

2 – O participante deve identificar-se na participação pela indicação de nome completo, morada e pela junção de cópia legível de seu documento de identificação civil.

3 – Tratando-se de pessoa coletiva deve a participação identificar claramente a mesma bem como o seu representante legal.

4 – A participação de factos suscetíveis de constituir infração disciplinar sem que o denunciante esteja identificado pode motivar uma participação por parte de um órgão executivo da Ordem dos Médicos.

Artigo 10º – Desistência da participação

A desistência da participação disciplinar pelo interessado extingue o processo disciplinar, salvo se a infração imputada afetar a dignidade do membro visado e, neste caso, este manifeste intenção de continuação do processo, ou o prestígio da Ordem ou da profissão, em qualquer uma das suas especialidades.

Artigo 11º – Instauração do processo disciplinar

1 – O procedimento disciplinar é instaurado:

a) Por deliberação do conselho disciplinar competente, com base em participação dirigida à Ordem pelo próprio queixoso ou pelo seu representante legal, sempre que seja necessário averiguar matéria sujeita a segredo, ou, noutros casos, por qualquer pessoa ou entidade devidamente identificada, que tenha conhecimento de facto suscetível de integrar infração disciplinar;

b) Por decisão do presidente do conselho superior ou do presidente do conselho disciplinar competente, independentemente de participação.

2 – Havendo participação, ou de acordo com o disposto na alínea b) do número anterior, o presidente do conselho disciplinar competente pode, se

assim o entender, começar por instaurar um processo de averiguação sumária, tendo em vista um melhor esclarecimento dos factos, só depois decidindo se é ou não de instaurar processo disciplinar.

3 – A instauração de processo disciplinar não implica qualquer pré-juízo de culpa, gozando o médico arguido da presunção legal de inocência até prova em contrário.

Artigo 12º – Legitimidade processual

1 – As pessoas com interesse direto, pessoal e legítimo relativamente aos factos participados, podem solicitar à Ordem a sua intervenção no processo, requerendo e alegando o que tiverem por conveniente.

2 – Têm também legitimidade processual os órgãos executivos da Ordem que sejam participantes.

Artigo 13º – Direito subsidiário

1 – Sem prejuízo do disposto no anexo ao Estatuto da Ordem dos Médicos, o procedimento disciplinar rege-se pelo estabelecido neste regulamento disciplinar, sendo subsidiariamente aplicáveis as normas procedimentais previstas na Lei Geral do Trabalho em Funções Públicas, aprovada pela Lei 35/2014, de 20 de junho, com as alterações introduzidas pelas Leis nº 82-B/2014, de 31 de dezembro e nº 84/2015, de 7 de agosto.

2 – Os prazos para a prática de atos processuais são contados em dias úteis, nos termos do Código do Procedimento Administrativo.

CAPÍTULO II – Sanções disciplinares e sua aplicação

Artigo 14º – Sanções disciplinares

1 – As sanções disciplinares são as seguintes:

a) Advertência;

b) Censura;

c) Suspensão até ao máximo de 10 anos;

d) Expulsão.

2 – A sanção prevista na alínea a) do número anterior é aplicada ao membro que cometa infração com culpa leve e consiste em mero reparo pela irregularidade praticada.

3 – A sanção prevista na alínea b) do nº 1 é aplicável a infrações leves, praticadas com negligência, e consiste num juízo de reprovação ética pela falta cometida.

4 – A sanção prevista na alínea c) do nº 1 é aplicável aos casos de infrações graves, praticadas com negligência grosseira ou dolo eventual, e consiste no afastamento total do exercício da medicina durante o período de aplicação da sanção, constituindo, entre outras, causas de suspensão, as seguintes infrações:

a) Desobediência a determinações da Ordem, quando estas correspondam ao exercício de poderes vinculados conferido por lei;

b) Violação de quaisquer deveres consagrados na lei ou no Estatuto e regulamentos da Ordem e que visem a proteção da vida, da saúde, do bem-estar ou da dignidade das pessoas, quando não lhe deva corresponder sanção superior;

c) Encobrimento do exercício ilegal da medicina;

d) Prática de infração disciplinar que também constitua crime punível com pena de prisão superior a um ano.

5 – A sanção de suspensão de duração superior a cinco anos só pode ser aplicada mediante deliberação que obtenha a maioria de dois terços dos votos de todos os membros efetivos do conselho disciplinar competente.

6 – A sanção prevista na alínea d) do nº 1 é aplicável:

a) Quando tenha sido cometida infração disciplinar com culpa grave que também constitua crime punível com pena de prisão superior a três anos;

b) Quando se verifique incompetência profissional notória, com perigo grave para a integridade física e psíquica ou vida dos pacientes ou da comunidade;

c) Quando ocorra encobrimento ou participação na violação de direitos da personalidade dos doentes;

d) Quando tenha sido cometida infração disciplinar que afete gravemente a dignidade e o prestígio profissional, retirando idoneidade ao médico para o exercício da profissão.

7 – A sanção de expulsão só pode ser aplicada mediante deliberação que obtenha a maioria de dois terços dos votos de todos os membros efetivos do conselho disciplinar competente.

8 – No caso de profissionais em regime de livre prestação de serviços em território nacional, as sanções previstas nos nºs 5 e 6 assumem a forma de

interdição temporária ou definitiva do exercício da atividade profissional neste território, consoante os casos, aplicando-se, com as devidas adaptações, o disposto no artigo 72º

9 – Sempre que a infração resulte da violação de um dever por omissão, o cumprimento das sanções aplicadas não dispensa o arguido do cumprimento daquele, se tal ainda for possível.

Artigo 15º – Circunstâncias dirimentes da responsabilidade disciplinar

São circunstâncias dirimentes da responsabilidade disciplinar:

a) A coação física;

b) A privação acidental e involuntária do exercício das faculdades intelectuais no momento da prática da infração;

c) A legítima defesa, própria ou alheia;

d) A não exigibilidade de conduta diversa;

e) O exercício de um direito ou o cumprimento de um dever.

Artigo 16º – Graduação

1 – Na aplicação das sanções deve atender-se aos antecedentes profissionais e disciplinares do arguido, ao grau de culpa, à gravidade e às consequências da infração e a todas as demais circunstâncias agravantes ou atenuantes.

2 – São circunstâncias atenuantes:

a) O exercício efetivo da medicina por um período superior a cinco anos, sem qualquer sanção disciplinar;

b) A confissão;

c) A colaboração do arguido para a descoberta da verdade;

d) A reparação espontânea, pelo arguido, dos danos causados pela sua conduta.

3 – São circunstâncias agravantes:

a) A premeditação;

b) O conluio;

c) A reincidência;

d) A acumulação de infrações;

e) A prática de infração disciplinar durante o cumprimento de sanção disciplinar ou de suspensão da respetiva execução;

f) A produção de prejuízo de valor igual ou superior a metade da alçada dos Tribunais da Relação;

g) A prática de quaisquer atos que visem a obtenção de lucros indevidos ou desproporcionados à custa dos doentes;

h) A prática de quaisquer atos que importem prejuízo considerável para terceiros.

4 – Verifica-se a reincidência quando o arguido, antes de decorrido o prazo de três anos sobre a última condenação, tiver cometido infração disciplinar semelhante.

5 – Verifica-se a acumulação de infrações sempre que duas ou mais infrações sejam cometidas simultaneamente ou antes da punição de infração anterior.

6 – Não contando para o efeito as sanções acessórias nos termos do presente anexo não pode ser aplicada ao mesmo arguido mais de uma sanção disciplinar:

a) Por cada infração cometida;

b) Pelas infrações acumuladas que sejam apreciadas num único processo;

c) Pelas infrações apreciadas em mais de um processo, quando apensados.

7 – O conselho superior que, em sede de recurso, tenha confirmado a condenação, pode solicitar ao conselho regional respetivo a suspensão da inscrição do visado, sempre que, a contar da decisão definitiva da multa em que haja sido condenado, este não proceda ao pagamento, no prazo de 15 dias, exigindo ainda a entrega da cédula profissional no mesmo prazo, sem prejuízo da reabilitação quando o visado cumpra a sanção.

Artigo 17º – Aplicação de sanções acessórias

1 – As sanções acessórias são as seguintes:

a) Multa de quantitativo entre duas a 22 vezes o valor da quota anual mais elevada à data da infração;

b) Perda de honorários;

c) Publicidade da sanção.

2 – A sanção de multa consiste no pagamento de um valor pecuniário e é graduada em razão da gravidade da infração e da culpa do arguido e determinada por comportamento praticado em abuso da função ou com grave violação dos deveres que lhe são inerentes ou que revele grave indignidade no exercício da profissão.

3 – A perda de honorários consiste na devolução dos honorários já recebidos que tenham origem no ato médico objeto da infração punida, ou na perda do direito de os receber, se ainda não tiverem sido pagos.

4 – A publicidade da sanção é efetuada em órgãos de comunicação social, de âmbito nacional ou regional, bem como no sítio da Ordem na Internet, sem prejuízo do estabelecido no nº 4 do artigo 25º e determinada por comportamento que revele indignidade no exercício da profissão.

5 – As sanções acessórias só podem ser aplicadas cumulativamente com as sanções disciplinares previstas no artigo 14º.

Artigo 18º – Unidade e acumulação de infrações

Sem prejuízo do disposto no presente anexo quanto às sanções acessórias, não pode aplicar-se ao mesmo membro mais do que uma sanção disciplinar por cada facto punível.

Artigo 19º – Suspensão das sanções

1 – Tendo em consideração o grau de culpa, o comportamento do arguido e as demais circunstâncias da prática da infração, as sanções disciplinares inferiores à suspensão podem ser suspensas por um período compreendido entre três e cinco anos.

2 – Cessa a suspensão da sanção sempre que, relativamente ao membro punido, seja proferido despacho de condenação em novo processo disciplinar.

Artigo 20º – Aplicação das sanções de suspensão e expulsão

1 – O procedimento para aplicação das sanções de suspensão superior a dois anos ou de expulsão pode ser sujeito a audiência pública.

2 – Havendo lugar à realização de audiência pública, o arguido é notificado das datas para a realização do julgamento, com cópia do relatório final.

3 – As sanções de suspensão por período superior a dois anos ou de expulsão só podem ser aplicadas por deliberação que reúna a maioria qualificada de dois terços dos membros do órgão disciplinarmente competente.

Artigo 21º – Execução das sanções

1 – Compete ao conselho superior dar execução às decisões proferidas em sede de processo disciplinar, designadamente praticando os atos necessários à efetiva suspensão ou ao cancelamento da inscrição dos membros

a quem sejam aplicadas as sanções de suspensão e de expulsão respetivamente, sem prejuízo da colaboração dos órgãos executivos.

2 – A aplicação de sanção de suspensão ou de expulsão implica a proibição temporária ou definitiva, respetivamente, da prática de qualquer ato profissional e a entrega da cédula profissional na sede da Ordem onde o arguido tenha o seu domicílio profissional, nos casos aplicáveis.

Artigo 22º – Registo das sanções

1 – Todas as sanções disciplinares transitadas em julgado são comunicadas ao Conselho Regional onde o médico ou a pessoa coletiva se encontra inscrita para efeitos de averbamento no respetivo processo.

2 – Do registo disciplinar deve constar:

a) As sanções em que tenha sido condenado;

b) A data da prática das infrações que deram causa às sanções registadas;

c) A data em que o arguido foi notificado do acórdão final.

3 – O registo das sanções disciplinares referido no número anterior é eliminado uma vez decorridos os prazos:

a) 4 anos após o cumprimento da sanção de advertência;

b) 8 anos após o cumprimento da sanção de censura;

c) 12 anos após o cumprimento da sanção de suspensão.

4 – Compete aos Conselhos Regionais manter atualizado o registo disciplinar dos médicos e pessoas coletivas nele inscritos, independentemente da instância em que tais decisões tenham sido proferidas.

Artigo 23º – Início de produção de efeitos das sanções disciplinares

1 – As sanções disciplinares iniciam a produção dos seus efeitos no dia seguinte àquele em que a decisão se torne definitiva.

2 – Se na data em que a decisão se torna definitiva, estiver suspensa a inscrição do arguido por motivos não disciplinares, o cumprimento da sanção disciplinar de suspensão tem início no dia seguinte ao do levantamento da suspensão.

Artigo 24º – Prazo para pagamento da multa

1 – As multas aplicadas nos termos da alínea a) do nº 1 do artigo 17º devem ser pagas no prazo de 15 dias, a contar do início de produção de efeitos da sanção respetiva.

2 – Ao membro que não pague a multa no prazo referido no número anterior é suspensa a sua inscrição, mediante decisão do órgão disciplinarmente competente, a qual lhe é comunicada.

3 – A suspensão só pode ser levantada após o pagamento da importância em dívida.

Artigo 25º – Comunicação e publicidade

1 – A aplicação de qualquer das sanções previstas nas alíneas c) e d) do nº 1 artigo 14º é comunicada pelo órgão disciplinar competente:

a) À sociedade de profissionais ou organização associativa por conta da qual o arguido prestava serviços à data dos factos;

b) À autoridade competente do Estado membro da União Europeia ou do Espaço Económico Europeu para o controlo da atividade do arguido estabelecido nesse mesmo Estado membro.

2 – Quando a sanção aplicada for de suspensão ou de expulsão, é dada publicidade no sítio da Ordem na Internet e em locais considerados idóneos para o cumprimento das finalidades de prevenção geral do sistema jurídico.

3 – Se for decidida a suspensão preventiva ou aplicada sanção de suspensão ou de expulsão, o conselho nacional deve inserir a correspondente anotação nas listas permanentes de membros divulgada por meios informáticos, designadamente no Sistema de Informação do Mercado Interno e junto das ordens e instituições congéneres da Comunidade Médica de Língua Portuguesa.

4 – A publicidade das sanções disciplinares, da suspensão preventiva e das sanções acessórias é promovida pelo órgão disciplinarmente competente, sendo efetuada a expensas do arguido.

5 – Sem prejuízo do disposto no número anterior, a Ordem restitui o montante pago pelo arguido para dar publicidade à sua suspensão preventiva sempre que este não venha a ser condenado no âmbito do respetivo procedimento disciplinar.

Artigo 26º – Prescrição das sanções disciplinares

1 – As sanções disciplinares prescrevem nos seguintes prazos, a contar da data em que a decisão se torna inimpugnável:

a) De dois anos, as de advertência e censura;

b) De cinco anos, as de suspensão e de expulsão.

2 – O prazo de prescrição tem início no dia seguinte àquele em que a decisão se torne definitiva.

Artigo 27º – Condenação em processo criminal

1 – Sempre que em processo criminal seja imposta a proibição de exercício da profissão durante um período de tempo determinado, este é deduzido à sanção disciplinar de suspensão que, pela prática dos mesmos factos, vier a ser aplicada ao membro da Ordem.

2 – A condenação de um membro da Ordem em processo criminal é comunicada à Ordem, para efeitos de averbamento ao respetivo cadastro.

CAPÍTULO III – Do processo

Artigo 28º – Obrigatoriedade de processo disciplinar

A aplicação de uma sanção disciplinar é sempre precedida do apuramento dos factos e da responsabilidade disciplinar em processo próprio, nos termos previstos no anexo ao Estatuto da Ordem dos Médicos e no presente regulamento disciplinar.

Artigo 29º – Formas do processo

1 – A ação disciplinar pode comportar as seguintes formas:

a) Processo de averiguação;

b) Processo disciplinar.

2 – O processo de averiguação é aplicável quando não seja possível identificar claramente a existência de uma infração disciplinar ou o respetivo infrator, impondo-se a realização de diligências sumárias para o esclarecimento ou a concretização dos factos em causa.

3 – O processo disciplinar é aplicável sempre que existam indícios de que determinado membro da Ordem praticou factos devidamente concretizados, suscetíveis de constituir infração disciplinar.

Artigo 30º – Disposições gerais do processo disciplinar e de averiguação

1 – A tramitação e instrução dos processos disciplinar e de averiguação regem-se pelos princípios da verdade material, da cooperação entre os sujeitos processuais e da celeridade, assegurando-se todas as garantias de defesa.

2 – Constitui ónus dos sujeitos processuais proceder à apresentação das testemunhas que indiquem, salvo determinação do Relator ou requerimento fundamentado que justifique a sua notificação pelo Conselho.

3 – Os médicos indicados como testemunhas devem prestar juramento no depoimento, indicar a razão de ciência, ficando obrigados pelo dever de segredo relativamente ao objeto do processo.

4 – Os depoimentos devem ser prestados presencialmente ou por videoconferência, quando tal se justifique, nas instalações dos Conselhos Disciplinares Regionais, dos próprios Conselhos Regionais, dos Conselhos Sub-Regionais ou dos Conselhos Médicos das Regiões Autónomas.

5 – No caso de testemunhas residentes no estrangeiro e noutros casos devidamente fundamentados pode o Relator determinar o depoimento por escrito ou a sua inquirição pela autoridade consular da área.

6 – Tratando-se de processos que tramitam no Conselho Superior, as testemunhas serão ouvidas presencialmente ou por videoconferência, nas suas instalações em Lisboa, salvo quando o Relator, pessoalmente ou através de instrutor nomeado para o efeito, determinar a inquirição das mesmas nas instalações dos Conselhos Disciplinares Regionais, dos próprios Conselhos Regionais, dos Conselhos Sub-Regionais ou dos Conselhos Médicos das Regiões Autónomas.

Artigo 31º – Notificações

1 – As notificações aos sujeitos e intervenientes processuais podem ser efetuadas por qualquer forma documentada, incluindo via postal, telecópia, correio eletrónico ou outro meio idóneo de transmissão de dados.

2 – As notificações do arguido podem ser expedidas por carta, telecópia ou correio eletrónico, para os endereços indicados pelo médico à Ordem dos Médicos, nos termos do Regulamento de Inscrição.

3 – A notificação ao médico visado da decisão de instauração de processo disciplinar, e para efeitos de exercício do direito de audição, considera-se efetuada, ainda que a mesma seja devolvida, não dando lugar à repetição da diligência.

4 – Os editais podem ainda ser publicados no portal da Ordem dos Médicos.

5 – Em tudo o que não estiver previsto neste Regulamento, em matéria de notificações, aplicam-se as disposições da Lei Geral do Trabalho em Funções Públicas.

Artigo 32º – Dos Atos Processuais

1 – Os atos processuais valem desde que assinados por quem presida à diligência ou os pratique.

2 – Os atos processuais podem ser praticados por meios eletrónicos, com aposição de assinatura digital certificada, com dispensa da apresentação dos originais.

Artigo 33º – Suspensão preventiva

1 – Após a audição do arguido, ou se este, tendo sido notificado, não comparecer para ser ouvido, pode ser ordenada a sua suspensão preventiva, mediante deliberação tomada por maioria qualificada de dois terços dos membros do órgão competente da Ordem.

2 – A suspensão a que se refere o número anterior só pode ser decretada nos casos em que haja indícios da prática de infração disciplinar à qual corresponda uma das sanções previstas nas alíneas c) e d) do nº 1 do artigo 14º

3 – A suspensão preventiva não pode exceder seis meses e é sempre descontada na sanção de suspensão.

Artigo 34º – Natureza secreta do processo

1 – O processo é de natureza secreta até ao despacho de acusação ou arquivamento.

2 – O relator pode autorizar a consulta do processo pelo arguido, pelo participante, ou pelos interessados, quando daí não resulte inconveniente para a instrução e sob condição de não ser divulgado o que dele conste.

3 – O arguido ou o interessado, quando membro da Ordem, que não respeite a natureza secreta do processo, incorre em responsabilidade disciplinar.

4 – Mediante requerimento em que se indique o fim a que se destinam, pode o relator autorizar a passagem de certidões em qualquer fase do processo, para defesa de interesses legítimos dos requerentes, podendo condicionar a sua utilização e sem prejuízo do dever de guardar segredo.

5 – O relator pode autorizar a informação pública da pendência de processo disciplinar contra médico determinado, sem identificar os factos e a fase processual.

CAPÍTULO IV – Do processo de averiguação

Artigo 35º – Tramitação

1 – O processo de averiguação regula-se pelas normas aplicáveis ao processo disciplinar, com as necessárias adaptações.

2 – Depois de averiguada a identidade do médico visado ou, logo que se mostrem minimamente concretizados ou esclarecidos os factos participados, sendo eles suscetíveis de constituir infração, é proposta ao presidente do conselho disciplinar competente a imediata conversão do processo de averiguação em processo disciplinar, mediante parecer sucintamente fundamentado.

3 – Quando no processo de averiguação se conclua que a participação é manifestamente inviável ou infundada será elaborado parecer propondo o imediato arquivamento do processo.

CAPÍTULO V – Do processo disciplinar

Artigo 36º – Processo disciplinar

1 – O processo disciplinar é regulado no anexo ao Estatuto e neste regulamento disciplinar.

2 – O processo disciplinar é composto pelas seguintes fases:

a) Instrução;
b) Defesa do arguido;
c) Decisão;
d) Execução.

3 – Independentemente da fase do processo disciplinar, são asseguradas ao arguido todas as garantias de defesa nos termos gerais de direito.

Artigo 37º – Instauração e distribuição do processo

1 – Instaurado o procedimento disciplinar, deve o processo ser distribuído a um dos membros do conselho disciplinar competente, para instrução.

2 – A distribuição será proporcional e equitativa entre os membros do Conselho Disciplinar.

3 – Qualquer relator designado nos termos dos números anteriores deve pedir escusa, alegando impedimento temporário ou a existência entre ele e

o presumível infrator ou demais interessados, de relações que possam pôr em causa a sua independência e imparcialidade na instrução.

4 – Com a distribuição do processo o relator deve ordenar a junção aos autos de extrato do registo disciplinar do arguido.

Artigo 38º – Assessoria jurídica

Os conselhos disciplinares são assistidos nas suas funções por um ou mais assessores jurídicos, a quem cabe prestar todo o apoio necessário ao presidente e aos relatores, quer no que respeita à análise e instrução dos processos, quer no tocante à redação dos despachos, pareceres e decisões finais.

Artigo 39º – Instrução

1 – A instrução do processo disciplinar é sumária, devendo o relator remover todos os obstáculos ao seu célere andamento e recusar tudo o que for impertinente, inútil ou dilatório.

2 – A forma dos atos, quando não esteja expressamente regulada, deve ajustar-se ao fim em vista e limitar-se ao indispensável para o atingir.

Artigo 40º – Poderes do relator

Compete ao relator regular o andamento da instrução do processo e manter a disciplina nos respetivos atos.

Artigo 41º – Da diligência compositória

1 – Poderá o Relator convocar a realização de uma diligência compositória entre as partes, salvo se a falta imputada afetar o prestígio da profissão ou da Ordem dos Médicos ou os interesses legítimos de terceiros.

2 – A iniciativa será precedida da remessa ao participado dos termos da participação.

3 – Do resultado da diligência será lavrada ata, subscrita por participante e participado, manifestando intenção no sentido do prosseguimento dos autos ou, havendo acordo, no sentido da extinção do processo.

Artigo 42º – Correspondência e requisição oficial de documentos

No exercício das suas atribuições legais podem os órgãos disciplinares da Ordem dos Médicos corresponder-se com quaisquer entidades públicas, autoridades judiciárias e policiais, bem como órgãos de polícia criminal, podendo requisitar documentos, cópias, certidões, informações e esclarecimentos.

Artigo 43º – Dever de colaboração

1 – Os médicos têm o especial dever de prestar total colaboração aos órgãos disciplinares da Ordem dos Médicos, no exercício das suas funções.

2 – Os particulares, sejam pessoas singulares ou coletivas, têm o dever de colaboração com os órgãos disciplinares da Ordem dos Médicos no exercício das suas atribuições.

3 – A falta de colaboração de qualquer médico com os órgãos disciplinares da Ordem dos Médicos, quando estes atuam no exercício das suas funções e dos poderes vinculados atribuídos por lei, constitui infração disciplinar.

Artigo 44º – Local de instrução

1 – A instrução realiza-se na cidade sede do conselho disciplinar competente, salvo quando haja conveniência para o processo em que as diligências ocorram noutro local.

2 – Quando necessário ou conveniente, o relator pode delegar a competência instrutória em conselhos sub-regionais, conselhos médicos das regiões autónomas e noutros conselhos disciplinares.

Artigo 45º – Meios de prova

1 – Na instrução do processo são admitidos todos os meios de prova permitidos em direito.

2 – O relator deve notificar o médico arguido para se pronunciar, querendo, sobre a matéria da participação, salvo quando isso possa prejudicar a instrução.

3 – Sem prejuízo do disposto no artigo 39º, o interessado e o arguido podem requerer ao relator todas as diligências que considerem necessárias ao apuramento da verdade.

Artigo 46º – Termo da instrução

1 – Finda a instrução, o relator profere despacho de acusação ou elabora proposta fundamentada de arquivamento do processo ou de que este fique a aguardar produção de melhor prova, consoante considere que existem ou não indícios suficientes da prática de infração disciplinar.

2 – A proposta de arquivamento ou de que o processo fique a aguardar produção de melhor prova é apresentada ao conselho disciplinar competente, o qual com ela concorda ou determina que o processo prossiga com a realização de diligências complementares ou com a emissão de um despacho de acusação, podendo, neste caso, ser designado novo relator de entre os membros do conselho disciplinar que tenham votado a continuação do processo.

Artigo 47º – Reabertura do processo

1 – O processo pode ser reaberto se surgirem novos elementos de prova que invalidem os fundamentos invocados na deliberação de arquivamento.

2 – Da decisão do conselho disciplinar que deferir ou recusar a reabertura cabe recurso para o Conselho Superior.

CAPÍTULO VI – Da acusação e da defesa

Artigo 48º – Despacho de acusação

O despacho de acusação deve especificar a identidade e demais elementos pessoais relativos ao arguido, os factos imputados e as circunstâncias em que os mesmos foram praticados, as circunstâncias atenuantes e agravantes, as normas infringidas, a sanção aplicável e o prazo para a apresentação de defesa.

Artigo 49º – Notificação da acusação

1 – O arguido é notificado da acusação, nos termos do artigo 31º, entregando-se-lhe a respetiva cópia.

2 – A notificação, quando feita pelo correio, é remetida, sob registo com aviso de receção, para o domicílio profissional, ou para a residência, ou domicílio fiscal do arguido.

3 – Se o arguido se encontrar em parte incerta e for desconhecida a sua residência, é notificado por edital referindo apenas que se encontra pendente um processo e qual o prazo para apresentação de defesa, que deve ser afixado na porta do seu último domicílio profissional, do seu último local de trabalho ou da sua última residência ou domicílio fiscal conhecidos e ainda nas instalações do conselho disciplinar competente.

Artigo 50º – Prazo para defesa

1 – O prazo para defesa é fixado pelo relator, não podendo ser inferior a quinze nem superior a trinta dias.

2 – Quando a notificação seja feita para o estrangeiro ou por edital, o prazo para defesa não pode ser inferior a trinta nem superior a sessenta dias.

3 – A pedido do arguido, pode o relator, em casos justificados pela complexidade da matéria ou por impedimento manifesto, prorrogar o prazo para apresentação da defesa, ou aceitá-la quando apresentada fora de prazo.

Artigo 51º – Representação

1 – O arguido pode constituir advogado em qualquer fase do processo, nos termos gerais de direito.

2 – O advogado exerce os direitos que a lei reconhece ao arguido.

Artigo 52º – Apresentação da defesa

1 – A defesa deve ser apresentada por escrito, expondo claramente os factos, a sua interpretação e as razões que a fundamentam.

2 – Com a defesa deve o arguido, querendo, apresentar o rol de testemunhas, juntar documentos ou requerer a realização de quaisquer diligências, que podem ser recusadas quando manifestamente impertinentes, dilatórias ou desnecessárias para o apuramento dos factos.

3 – Não podem ser indicadas mais de três testemunhas por cada facto especificado, não devendo o total exceder dez testemunhas.

4 – Nas situações previstas no artigo 20º, o arguido que pretenda a realização de audiência pública, deve requerê-la no momento da apresentação da defesa.

Artigo 53º – Consulta do processo

Durante o prazo para a apresentação da defesa, pode o processo ser consultado na secretaria do conselho disciplinar competente, às horas de expediente, ou facultada cópia ao próprio ou a advogado constituído.

Artigo 54º – Novas diligências

1 – O relator pode ordenar a realização de novas diligências que considere necessárias para o apuramento da verdade.

2 – Quando surjam novos elementos probatórios, deve ser notificado o arguido para que se pronuncie, querendo, em prazo não inferior a dez nem superior a vinte dias.

Artigo 55º – Relatório final

Realizadas as diligências referidas no artigo anterior, o relator elabora um relatório fundamentado, do qual constem os factos apurados, a sua qualificação e gravidade, a pena que entende dever ser aplicada ou a proposta de arquivamento dos autos.

CAPÍTULO VII – Da decisão disciplinar

Artigo 56º – Decisão

1 – Elaborado o relatório é este apresentado na primeira sessão que vier a ter lugar, a fim de ser submetido à apreciação dos seus membros.

2 – Se algum ou alguns membros se declararem não habilitados a deliberar, o processo é dado para vista, por cinco dias, a cada membro que a tiver solicitado, findo o que é novamente presente para julgamento.

3 – Os votos de vencido devem ser fundamentados.

4 – Em caso de empate, o presidente tem voto de qualidade.

Artigo 57º – Novo relator

Quando o conselho disciplinar discorde do relatório e das propostas do relator, pode deliberar a sua substituição por outro membro, que deve proceder, no prazo de quinze dias, à elaboração do novo relatório.

Artigo 58º – Audiência pública

1 – Havendo lugar a audiência pública, nos termos do artigo 20º, é a mesma realizada no prazo de 30 dias a contar da notificação do relatório final e nela devem participar, pelo menos, dois terços dos membros do conselho competente.

2 – A audiência pública é presidida pelo presidente do conselho ou pelo seu legal substituto e nela podem intervir o participante que seja direto titular do interesse ofendido pelos factos participados, o arguido e os mandatários que hajam constituído.

3 – A audiência pública só pode ser adiada uma vez por falta do arguido ou do seu defensor.

4 – Faltando o arguido e não podendo ser adiada a audiência, esta fica sem efeito, e o processo é decidido nos termos gerais.

5 – Aberta a audiência, o relator lê o relatório final, procedendo-se de seguida à produção de prova complementar requerida pelo participante ou pelo arguido e que deve ser imediatamente oferecida, podendo ser arroladas até cinco testemunhas.

6 – Finda a produção de prova, é dada a palavra ao participante e ao arguido ou aos respetivos mandatários para alegações orais, por período não superior a 30 minutos.

7 – Caso o considere conveniente, o conselho pode determinar a realização de novas diligências.

8 – Encerrada a audiência, o conselho reúne para deliberar, lavrando acórdão.

Artigo 59º – Notificação da decisão

As decisões finais são notificadas ao arguido, aos interessados e ao presidente do Conselho Superior.

CAPÍTULO VIII – Recursos

Artigo 60º – Decisões recorríveis

1 – Das decisões tomadas em matéria disciplinar cabe recurso para o conselho superior.

2 – Das demais decisões tomadas em matéria disciplinar de que não caiba recurso nos termos do número anterior, cabe recurso administrativo, nos termos gerais de direito.

3 – As decisões de mero expediente ou referentes à disciplina dos trabalhos não são passíveis de recurso nos termos dos números anteriores.

Artigo 61º – Legitimidade

Os recursos podem ser interpostos pelo arguido, pelos interessados e pelos órgãos da Ordem que tenham apresentado a respetiva participação disciplinar.

Artigo 62º – Prazo

O prazo para a interposição dos recursos é de quinze dias a contar da notificação da decisão final, ou de trinta dias a contar da afixação do edital.

Artigo 63º – Subida e efeitos

1 – Os recursos interpostos de despachos ou decisões interlocutórios sobem com o recurso da decisão final.

2 – Têm efeito suspensivo os recursos interpostos das decisões finais dos conselhos disciplinares regionais.

Artigo 64º – Interposição e notificação do recurso

1 – O requerimento de interposição do recurso é sempre motivado, mediante alegações escritas, sob pena de não admissão do mesmo, sendo, para tanto, facultada ao recorrente a consulta prévia do processo.

2 – Com a motivação, que deve enunciar especificamente os fundamentos do recurso e terminar com a formulação de conclusões, pode o recorrente requerer a junção dos documentos que entenda convenientes, desde que os mesmos não pudessem ter sido apresentados até à decisão final objeto do recurso.

3 – O recurso não é admitido quando a decisão for irrecorrível, quando for interposto fora de tempo, quando o recorrente não preencher as condições necessárias para recorrer ou quando não vier acompanhado de alegações que o fundamentem.

4 – Admitido o recurso que subir imediatamente, é notificado o interessado ou o órgão participante para responder no prazo de 15 dias, sendo-lhe facultada a consulta do processo.

Artigo 65º – Decisão do recurso

À decisão dos recursos aplica-se, com as necessárias adaptações, o disposto nos artigos 56º, 57º e 59º.

Artigo 66º – Baixa do processo

Julgado definitivamente em recurso, o processo baixa ao conselho disciplinar competente, para agir em conformidade com a decisão proferida.

CAPÍTULO IX – Processo especiais

Artigo 67º – Revisão

1 – É admissível a revisão de decisão definitiva proferida pelos órgãos da Ordem com competência disciplinar sempre que:

a) Uma decisão judicial transitada em julgado declarar falsos quaisquer elementos ou meios de prova que tenham sido determinantes para a decisão revidenda;

b) Uma decisão judicial transitada em julgado tiver dado como provado crime cometido por membro ou membros do órgão que proferiu a decisão revidenda e praticado no processo a rever;

c) Os factos que serviram de fundamento à decisão condenatória forem inconciliáveis com os que forem dados como provados noutra decisão definitiva e da oposição resultarem graves dúvidas sobre a justiça da condenação;

d) Se tenham descoberto novos factos ou meios de prova que, por si ou combinados com os que foram apreciados no processo, suscitem graves dúvidas sobre a justiça da decisão condenatória proferida.

2 – A simples alegação de ilegalidade, formal ou substancial, do processo e da decisão disciplinares, não constitui fundamento para a revisão.

3 – A revisão é admissível ainda que o procedimento se encontre extinto ou a sanção prescrita ou cumprida.

Artigo 68º – Legitimidade

1 – O pedido de revisão pode ser formulado pelo interessado, pelo arguido condenado ou ainda pelos seus herdeiros.

2 – O requerimento indica as circunstâncias ou meios de prova não considerados no procedimento disciplinar que ao requerente parecem justificar a revisão e é instruído com os documentos indispensáveis.

Artigo 69º – Decisão sobre o requerimento

1 – Recebido o requerimento, o conselho que tenha aplicado a sanção disciplinar resolve, no prazo de 30 dias, se deve ou não ser admitida a revisão do procedimento.

2 – O despacho que não admita a revisão é impugnável nos termos do Código de Processo nos Tribunais Administrativos.

Artigo 70º – Tramitação

1 – Quando seja admitida a revisão, o requerimento e o despacho são apensos ao processo disciplinar, nomeando-se instrutor diferente do primeiro, que

marca ao arguido prazo não inferior a 10 dias nem superior a 20 dias para responder por escrito aos artigos da acusação constantes do procedimento a rever, seguindo-se a tramitação prevista para o processo disciplinar.

2 – O processo de revisão do procedimento não suspende o cumprimento da sanção.

Artigo 71º – Efeitos da revisão procedente

Julgando-se procedente a revisão, é revogada ou alterada a decisão proferida no procedimento revisto.

Artigo 72º – Reabilitação

1 – No caso de aplicação de sanção de expulsão, decorridos que sejam 10 anos, o membro pode ser reabilitado, mediante requerimento e desde que se preencham cumulativamente os seguintes requisitos:

a) Tenha havido reabilitação judicial, se a ela houver lugar;

b) Não haja riscos para a saúde dos pacientes e da comunidade;

c) Se mostre acautelada a dignidade da medicina;

d) O reabilitando tenha revelado boa conduta, podendo, para o demonstrar, utilizar os meios de prova admitidos em direito.

2 – Quando a expulsão tenha ocorrido por força do disposto na alínea b) do nº 6 do artigo 14º, a reabilitação depende da prestação de provas públicas, em termos a fixar em regulamento.

3 – Em casos especiais, a reabilitação pode ser limitada à prática de certos atos médicos.

4 – Ao processo de reabilitação aplica-se, com as necessárias adaptações, o previsto para o processo de revisão.

CAPÍTULO X – Disposições finais

Artigo 73º – Aplicação no tempo

1 – Às infrações disciplinares praticadas em momento anterior à entrada em vigor do presente Regulamento, serão aplicáveis os preceitos do mesmo quando forem, em concreto, mais favoráveis ao arguido.

2 – Os preceitos de natureza processual são de aplicação imediata.

Artigo 74º – Entrada em vigor

O presente Regulamento entra em vigor no dia seguinte ao da sua publicação.

ÍNDICE